怎样有逻辑地说服他人

怎样有逻辑地说服他人

高 德 / 著

时代出版传媒股份有限公司

北京时代华文书局

图书在版编目（CIP）数据

怎样有逻辑地说服他人 / 高德著 . —北京：北京时代华文书局，
2014.9

ISBN 978-7-80769-876-0

Ⅰ.①怎… Ⅱ.①高… Ⅲ.①说服－语言艺术－通俗读物 ②心理
交往－通俗读物 Ⅳ.① H019-49 ② C912.1-49

中国版本图书馆 CIP 数据核字 (2014) 第 226987 号

怎样有逻辑地说服他人

著　者	高　德
出 版 人	田海明　朱智润
策　划	一　航
责任编辑	李　强　周海燕
特约编辑	张　磊
责任校对	陈晓丹
封面设计	门乃婷工作室
版面设计	李　亚

出版发行｜时代出版传媒股份有限公司 http://www.press-mart.com

　　　　　北京时代华文书局 http://www.bjsdsj.com.cn

　　　　　北京市东城区安定门外大街 136 号皇城国际大厦 A 座 8 楼

　　　　　邮编：100011　电话：010－64267120　64267397

印　　刷｜三河市金元印装有限公司

　　　　　（如发现印装质量问题，请与印刷厂联系调换）

开　本	710mm×1000mm　1/16
印　张	16
字　数	170 千字
版　次	2014 年 12 月第 1 版　　2014 年 12 月第 1 次印刷
书　号	ISBN 978-7-80769-876-0
定　价	35.00 元

目录

CONTENTS

第二章
CHAPTER TWO
教你成为应酬大师

第三章
CHAPTER THREE
利益决定立场

第十章 | 谁是你的朋友?

CHAPTER TEN

—— 怎样有逻辑地说服他人 ——

如果你有能力，却生活得很惨，你应该读这本书。

如果你没有能力，但想生活得好一点，你更应该读这本书。

我有一位在美国活得风生水起的华人朋友。现在他过得非常棒，拥有自己的公司，手下有30多名雇员。他每年定期去世界各地度假，享受田园风光，购买各种奢侈品。显而易见，他属于这个社会中超级成功的阶层。不过，就在6年前，他还生活在"十分悲惨"的世界里，就像一只被夹在下水管道裂缝中的痛苦的老鼠，经常对我抱怨工作的艰辛、同事的狡诈，还有老板的无情。

直到有一天，他从ADS（联合数据）辞职，远离密集的都市，跑到太平洋的一个人烟稀少的岛上待了两个月，回来后就像变了一个人。他在那种艰苦但安静的环境中少有地可以真正地去思考，然后终于活明白了，也想透彻了。他不再把仇恨的目光盯在同事和老板的身上，也不再对客户斤斤计较，对这个世界大发无用的感慨。

他决心改变，让自己变得和那些成功者一样，真正地用一种成功者的思维去看待这个世界，去处理一切事情。

如果你想改变一样东西，就要去适应它。

如果你想在这个社会游刃有余，就要首先融入它。

同时你必须明白，假如我们只是用自己聪明的头脑去算计便可以产生作用，那么这个世界上就不会有那么多不公了，因为这个世界从来不缺精明人。所以，根本的问题在于如何掌握社会的生存规则而不是计算得失和钻营取巧。

我们都知道，许多人到了自己 40 岁时仍然一事无成，或者他们自认为一事无成。还有更多的人会时刻感觉自己非常失败。人们有时觉得生活真是没意思，机械地生存，到处都是矛盾，头上压着几座大山，内心还有无数的纠结。

"这个社会怎么了？"除了本能地发出类似的感慨，他们已经不会思考和心动，也难以理智地分析问题。

我所见过的许多人都在羡慕社会上的成功人士，嫉妒着自己身边的有钱人，用充血的眼睛瞪着身边每一辆呼啸而过的名车，然后闪出这样的念头：为什么坐在里面人不是我，而是他呢？

是啊，为什么不是你呢？哪点不同决定了你和他的差距呢？你怎么会混得这么差，就像一个在幸运天使的面前完全隐形和被无视的人？

假如你至今还在迷惑地思考这个问题的话，就抽出一些时间，来认真地读一读这本书吧。我会在书里简洁明了地告诉你一些如何掌握规则、使自己如鱼得水的道理。这本书将向你揭示一些社会生存法则，告诉你怎样用别人的眼睛观察世界，怎样直接有效地对他人、对自己进行必要的改造。如果你能学会规则并且拥有这样的能力，即便它不能使你的未来生活无比成功，至少也会让你少走许多弯路、少摔几个跟头，并保证一些基本的收益——生活有时就像投资股票一样，我们不贪图赚个盆满钵盈，但也不要光着屁股离场。

本书还有另外的一些价值，针对那些正苦苦挣扎的人们。他们是正努力地工作、赚钱很少、地位很低、总是受伤、没有门路和靠山的群体，还有踌躇满志、准备以一个漂亮的姿势进场、要在今天这个社会打拼一番事业的人。你们将从本书学到——

怎样交到自己想交的朋友；

如何编织以自己为结点的关系网；

让自己的利益最大化需要遵守什么原则；

如何提升自身的素质和修养。

不论你胸中如何激情万丈，都一定要小心那些看起来非常好的机会，这会让你变得成熟理性。我之所以格外强调这样一个心态范畴的问题，是因为这个世界想要迫切抓住机会的人太多了，而这也正是社会为一代又一代的年轻人挖下的永恒的陷阱。

总会有人不停地冲过来，在这个问题上倒下。

总会有人因为自己的选择错误而乐极生悲，最后却归怨于环境因素。

当你能够跨过这道坎，达到成熟理性的境界时，你就会较为理智地看待自己的能力和水平了，你会变得不再轻视自己，充满自信，但也绝不会看高了自己。你能分清真假，聪明地对待别人的恭维、奉承、贬低或者任何形式的诋毁与轻视。

在这个基础上，无论去做什么事情，你都能很有分寸，并且学会制定正确的计划和采取稳重有力的态度。你还可以变得更强，那就是迅速地与世故划清界限，与奸猾保持距离，让自己具备无比犀利的洞察力，避免犯错和冒险，并能适时捕捉机遇。

我会在书中送上很好的建议，尽管它不一定适于每一个国家的社会形态。但请相信，本书所揭示的一些社会生存规则，大部分都是整个人类尤其是中国人的历史智慧的结晶——它们不分时代、不分男女地适用于每一个阶层，并且老少皆宜。这些智慧，是你在任何一所超一流的大学都无法学到的技能。

从现在开始，你可以尝试着把这些技能当成一种好的习惯去学习，然后去掌握。请相信，它带给你的好处将是无比巨大的。

高　德

CHAPTER
ONE

影响力是怎么形成的？

∽ 职位并不等于影响力

当你获得一项重要提升时，先不要暗自惊喜，因为这并不代表你的话语权提升了。事实上，一个人影响力的大小，和他的职位高低并没有太直接的关系。在我们影响力的背后，是权力、实力和可以改变事情的能力，而不是虚名与头衔——哪怕它们光环闪耀。

本书的第一个话题是人们每天都在进行的一项热门讨论。这并不奇怪，因为被控制在庞大"金字塔"中的所有人都很关心职位、地位或者名声这样的问题——这些思考就像早就设定好的程序，使人们各安其位，而不会去追索那些可能影响塔基稳定的疑问。同时，这也是社会媒界的讨论和人们茶余饭后谈资的主流热点。

那么，"获得更高的职位就代表着我在社会中地位的提升吗？"

还有，"一个人的影响力体现在哪些方面呢，是由我的位置决定的吗？"

　　在一些人充满期待地提出类似问题时，一定有人毫不犹豫地回应这种傻瓜式的疑问："当然喽！这还用你问？我辛辛苦苦地工作了十几年，就为了让自己的职位再向上升两级，哪怕一级也是好的，这也意味着我取得了令人羡慕的成功，说明我可以更有力地影响别人。"人们坚定地怀有这种想法——坐在更高的位置上即意味着他能够对周围的人更有效地驱动，以使人们服从于他的意志。

　　可是，如果你仔细想一想，或者亲身经历一遍，你还会这样坚信？

　　我有一个朋友，工作做得很辛苦，突然有一天他打电话跟我说，他从部门主管升为了副总，然后他到处请客，家人也很高兴。确实，他在该公司任劳任怨辛苦了十几年，从一名普通销售做到了高级销售经理，多少年的媳妇熬成了婆，终于当上了部门主管，现在又迈了一大步，成了副总经理，进入到了核心管理层。

　　但是不久后，他就满面愁容了，再也高兴不起来。因为他逐渐地感觉到，自己在公司的地位越来越低了，再也不比从前。以前在主管的位置上时，虽然职位不高，但他控制着全公司最重要的销售部门，是整个公司收入的支柱，要风得风，要雨得雨。现在，公司副总有一大堆，他成了大闲人一个，有他没他一个样。这表明，他的职位增高了，却失去了独特性。

　　听他说完，我对他讲："如果你追求的只是一个头衔，那恭喜你，你达到了目标。但如果你追求的是更大的成就感，现在的情况对你来说则是非常失败的。"

　　这就是权力与影响力的互动秘密：那些戴着更漂亮帽子的人，他们不一定是站在塔尖的真正的成功者，比如在一个企业中，权力和影响力的大小从来不会看你坐在哪一把椅子上，戴着什么颜色的帽子。因为职位有时只是一种名号，说明不了什么。通常，"能做什么"才是一个人地位的真正体现。

我们打个比方来说，很多人把西方的职场与国内职场相比较，得出一个最"明显"的差异——公司想要"处理"掉一个人的时候，是对他升职还是降职呢？这牵扯到如何"稀释"一个人的影响力的问题：怎样才能安全地将他拉下马，不会引起大范围和多方面的震动？

西方人想整某位仁兄时，在大多数情况下，一定是把他降职开除，或者让这家伙染上桃色丑闻，引咎辞职甚至上法庭。说白了，西方人在规则的明面上，大体是直来直去的，想整治你，就会整在桌面上。

我知道，中国的老板如果想整治某一位下属，会先给他升官，把他调离要害的权力区域，这叫调虎离山。当然，升上去的新位置，也多是有名无实的职位，名声大、没实权，喝茶遛猴的差使，走哪儿都是车接车送、人见人敬，看起来春风得意、前途无量，好像事业又发展了一步似的，可就是说了不管用。

最后，当机会合适时，突然把他屁股底下的椅子拿走，把他的"耳目"堵上，断掉了他的"手足"，再使出杀招，去彻查他的历史，挖出他的罪证。到这时，真正的杀招就要来了。这个人会发现，自己一夜之间就变得一无所有了，所有的风光都成了明日黄花，朋友没了，盟友跑了，而敌人蜂拥而上，自己的未来则是一片黑暗。

你看，有时候名声和待遇提高了，听起来很美，但实际是多么危险！身在险恶的职场，职位高的人就像一天 24 小时坐在火山口，随时可能被屁股底下的岩浆喷上天空，掉下来摔个万劫不复。职位高，压力就大，暗井多，凶险也多。坐在这样的位置上，你就得办出符合这个职位的事情。如果你做不好，那么抱歉，准备好倒大霉吧！

不要认为老板给你升职了就是好事，如果升职没加权，你该做的是找个墙角大哭一场，而不是忙着笑开颜，到处去报喜。实际上，实权比职位的大小重要得多。

对于一个被公司认定"有问题"的人来说，升职有时候就是一剂迷魂药、断神散，你不要觉得自己升职了、上调了，就是领导重视自己，前途一片光明，然后得意扬扬，尾巴撅得老高，那种云端漫步的得意之情，仿佛遍览五岳，可以大展抱负，从此雄鹰一样高飞了。

其实，持这种想法的人再天真不过，想要在职场混下去还得再遁进山里修炼五百年。因为权力的大小有时不在于你头衔的大小、职位的高低、背景的深浅，重要的是"地位"，也就是说看你真正的分量，手里掌握了什么样的部门资源，拥有多大实质性的话语权。办事的能力才是最重要的，头衔和名号有时只是一个空架子。

很多人混淆了"职位"和"地位"的含义，误把职位当成了地位的象征。这两者之间有着莫大的区别，职位不过是个代号，除了听上去不错外，没有一点实际意义。最有含金量的是地位，一个人职位再低，但是在社会中的地位和影响力很高，那么哪怕他只是个管杂物的小办公室主任，也照样能让高职位的人为他办事。

权不在大，管用才行；位不在高，在于威慑力和说服力。当我们为那些中高阶管理人员进行影响力培训和秘密的"员工驾驭"训练时，总会向他们讲到"职位武器"的巨大威力："你怎样用一个漂亮的职位去驾驭员工，让他努力为你工作，却又不可能实质性地超越你在公司的影响力，威胁到你的位置？"

HBO 电视网的营销主管渥菲斯显然是一位个中老手，他说："当我遇到特有干劲和富有才华的员工时，我通常会告诉他，嘿，杰克，我这儿有个营销经理的位置，你愿意试试吗？当他兴奋地接受邀请，成为 HBO 营销部门最年轻的业务经理时，他会发现摆在自己面前的全是这个部门的人最不想接下来的活儿，他找不到人帮忙，就连以前那些觉得他很有前途而乐意与他勾肩搭背的同事也都消失了。没过两个月，杰克就成了 HBO 最疲惫的一个家伙，他不得不申请调职到频道部门，去做一名每天坐在机房调试机器的蓝领员工。"

就这样，行径让人鄙视的渥菲斯用这种手段"干掉"了无数威胁到他位置的新人。他主动把那些人升职，让他们得到一个看起来引以为豪的职位——可当他们上任以后——如果他们缺乏拒绝的智慧和足够精明的远见，他们马上就会发现这是一个巨大的陷阱。

职位与影响力之间的关系就是如此诡异，一个头上扣着一顶高帽子的人，看上去"光鲜亮丽"的，却什么都说了不算，连手底下一个小小的助理都敢不把你放在眼里，那么你还觉得自己了不起吗？手里没一手资源，说了没人听，那么你的位置坐得再高，也经不起风吹雨打。稍有风吹草动就会从天而坠，自己摔一个粉身碎骨。

因此，对于权力而言，说话的分量才是最重要的，实际的权力才是最关键的。至于屁股下坐的是什么型号和颜色的椅子，是不是比别人的椅子上档次，有时反倒不那么打紧的。

∿ 升职未必是好事

我们的老板想惩罚他旗下的"叛徒"时，经常采取的办法并不是直接的对抗，也不是降薪和解雇，而是把他捧到很高的位置，将他架在"火上烧烤"。

"有时站得越高，却摔得越惨。"这就是"升职其实是很危险的"这句话的最好写照。升了职却给自己带来了危险，这种事情在国内是屡见不鲜的，在国外当然也是常见之事，不知灭掉了多少奸恶枭雄，也害苦了太多英雄豪杰。能从这招底下逃出生天的，那都不是一般的人物。

有一次，一位从国内来的年轻毕业生，和我有过关于职业生涯规划的交谈。他向我请教如何制定他的绩效发展计划，怎样在未来的三到五年内，在国内的职场上有一个光明的前景。他很自信，对于前途充满信心。他认为，只要努力，凭着他的才华，是不可能"混不好"的。

但是我给予他的第一个忠告，并非是像升职加薪、发展事业、提高地位这样的明规则，而是希望他先清楚并从心理上接受一些难以避免的"潜规则"。而且，这些"潜规则"通常不像"明规则"那样有规律可循。

"你必须有所准备，去接受失败，提前预知不好的苗头，然后安全地脱身。这是我们面对某种困局的聪明之举。遗憾的是，大多数人没有这么想，所以他们在社会上很难升到一个很高的层次，他们容易被表面的荣誉和成功俘获，从而看不透假象背后的真相。"

这其中就包括升职、加薪这种极易迷惑人的"奖励"行为。坦率地讲，在公司这个名利场里，你努力工作不一定就有很高的地位，得到应有的收获。即便你被老板加了薪、升了职，看起来得到了奖励，实际上也可能是危险的信号！对此，并不因为你在外企或者国内的企业就有所不同。

后来，这个年轻人就回国发展了。过了大概七个月，他就给我发来一封电邮，告诉了我他的遭遇，果然如我预料到的。他的能力很强，又有志向，进了那家公司后，很快就得到了老板的赏识，但与此同时，他由于地位不断上升，也得罪了其他的同事甚至是管理层的一个高管。所以，在上层的利益博弈中，他这样的一个新人被牺牲掉是必然会发生的结果。

不过，他的工作表现是如此出色，刚硬地通知他"你被解雇了"这种事情，如果不是理由十分充分或是管理者足够笨，通常发生的几率并不大。"整人"是一种"艺术"，尤其是整这种没有犯错的人。因此，老板宣布他升职了，像以往那样继续升职，只不过这次是把他调到了另一个部门，任职后勤部门的主管。

年轻人说："我们公司的后勤部门，管的事情很多，水、电、卫生、订机票，诸如此类，连行政的活都干，但是没有一点存在感。先生，正如您讲的，我应该辞职了。"

你看，这就是我在前面讲到的"明升暗降"：明升职位，暗降权力。这通常用来炒掉高管或者有功的员工，先把你从自己的地盘拔出来，晋升一级，当然不用说，肯定是一个位高没权的副职或者闲职，把你架空了，再派自己人去你原来的地盘，查你以前的劣迹。如果你以前的屁股真的不干净，那么不消多时，老账新账就会和你一起算了。如果你以前做事还算仔细，没有给人留下什么把柄，那也没有关系，反正你今后只能在一个虚职上混日子了，早晚你会觉得待在这里没有前景而主动离去。

一个在广州做得好好的销售经理，并且他已在这座城市安了家，娶了妻甚至生了孩子。假如上司突然外派他去东北，让他在东北某座偏远城市长期工作，并且告知他说："这是公司的决定，你可要一切以公司的利益为重呀！"说这话的时候，上司通常的潜台词是："这就是我的决定，一切要以我的利益为重。"或者是："公司不想开除你，给你面子，想让你主动辞职。"

三国时的司马懿是一个响当当的历史人物，对他我们耳熟能详。他当然很有能力，不然也不会跟诸葛亮斗了那么多年，可以一直熬到诸葛亮死在五丈原，又熬到了魏国政局混乱，成全了自己的儿孙夺位。但即便这么牛的人物，也曾经被以这种升职加薪但剥夺权力的手段整得很惨，差点就成了别人的案上鱼肉。

他在魏文帝曹丕当政时就受到了重用，能力初展，地位逐渐显赫。魏明帝曹睿在位时，他成了魏国的支柱，多次带兵出征，立下了赫赫战功，曾经以坚守的战法，使诸葛亮率领的蜀军无功而返，后来又平定了公孙渊的叛乱，军权在手，政治威望也极高，朝野内外遍布他的党羽。魏明帝死前，把年仅8岁的太子曹芳也就是魏少帝托付给他和大将军曹爽，让他们二人共同辅佐。

一山有了二虎，形势就变得很微妙。曹爽当然不会让异姓的司马氏分享权力，于是，以魏少帝的名义将司马懿提升为太傅。跟军队的统帅相比，这个官位是明显提升了，但失去了最重要的军权。曹爽就用这种给他升职的手段，剥夺了司马懿手中的兵权，把他给架空了。

试想，在古代党同伐异的残酷年代里，如果手中没有一点兵，抓不住枪杆子，即使官位再高又有何用？还不是别人案板上的鱼肉，想割就割，想剁就剁！所以给司马懿"升职"，从三军统帅升到太子的老师，其实就是曹爽想最终杀他而做的第一步绝妙的铺垫。

好在司马懿的政治智商在历史上是排得上号的，跟诸葛亮都能斗得不分上下，乃三国的一代大奸之才，岂能识不破曹爽的这点浅薄伎俩？于是，一场猫逗老鼠的装病游戏开始了。他装病示弱，自毁形象，暗中准备，隐忍待机。曹爽每次派人去看，老司马都在床上病恹恹地躺着，仿佛立刻就要断气了，气若游丝，魂不附体。别说跟曹家争权，就是下地行走，都得两个人扶着，去个厕所，都要四个人抬着去，不是尿一裤子，就是拉一床角。

曹爽听差人回来详细描述，大喜过望，顿时对这个"行将就木"的病老头放松了警惕。但是最后，司马懿来了一个大翻身，司马家夺了曹家的江山，他的儿子建立了晋朝，取魏自立，成了江山的主人。虽然司马氏成功地避过了这一招，但从过程来看，也的确惊险，由此更加说明这一招的厉害之处。

历史上另一位打仗很厉害的名人是南宋的岳飞，他可就没这么幸运了。他的军事才华极高，战场上打得金兵抱头鼠窜，闻岳家军而胆丧。岳飞的职业技能和工作素质确实高，但是在处理同事关系方面，他是十足的一位"小学生"，缺乏人际交往智慧，不懂"讨好"之道，既得罪了皇帝，也得罪了不少同僚，还不受江南地主阶层的喜爱。

他的梦想是北伐，迎回二帝。这个梦想是他自己的，却损害了一大群人的利益，所以大家都不认同。皇帝想："你把那两个窝囊废接回来，让我怎么办？我这皇帝还当不当？"同僚想："你把功劳都立完了，还有我们的份吗？"江南的那群地主算的则是经济账："我们出钱让你北伐，拿下的土地又不归我，这种亏本的买卖我们不干！"

诸多因素综合起来，决定了赵构和秦桧想收拾岳飞。但他们的第一步不是派几个钦差把他五花大绑扔进监狱那么简单——那样军队还不造反了啊——而是升职！

他们把岳飞从宣抚使升为了枢密副使，名声是好听了，官位挺高，估计薪水也涨了。但是，兵权没了。从此以后，岳飞的手下一个兵都没有，这就在程序上先断了岳飞领军造反的合法性。

军权没有了，岳飞就没有办法正大光明地调兵。然后就是分解岳家军，把岳飞的心腹和老兵旧将们分别调开，零散地插到各军，使其形不成合力。这些事都做得差不多了，才把岳飞送上了风波亭。可怜一代名将，被"升职"这一招给整下了马。

你职位升了好大一截子，实权却降得更多；名声高了，薪水多了，说话的声音却弱了。关键就看你升的什么职，把你调到了哪个部门，掌握哪一类资源。如果从副经理升到经理，从经理升到总经理，那没话说，这不光是职位升了，权也大了，但如果是从市场部调去了人事部，从市场主管升为行政总监，不好意思，级别是高了，但你的权没了，因为你从一线部门的实权人物变成了二线部门两手空空的花瓶。

这样的升职，让你哑巴吃黄连，有苦也说不出！

由此可见，在职场中，整人的办法除了降职开除，还有升职。可以说，升职整人法有时比降职还阴险狠辣。因为罢官免职，顶多甩手不干，落个清闲，没有名利了但也没了"头衔"上顶着的风险；降职叙用，还可以戴罪立功，有翻盘的机会。但是，如果想整你又给你升职，那结果往往就是最坏的了，因为对手是想把你从他的地盘上连根拔除掉，并且不准备给你一丁点翻身的机会。

∞ "谁是你的老板？"

要职位不如要资源，这是生存的至理；要名声不如要实惠，这是混社会的真理。有的人坐在很高的位置上，背后却是悬崖；有的人椅子很破，却上能通天、下能入地。职位的高低无所谓，关键是他的背后站着谁，他控制了多少资源。

为什么说有些职位不高的人，他们握在手里的实权和拥有的能力反而不小呢？因为权力的评价标准，不是看你戴了多大的帽子、坐了多宽的椅子，而看你的手能伸多长，是遮了半边天，还是只遮住一小块云彩。

打个比方说，一座学校的名誉校长，肯定不如他手下的教导处主任实权大。一家公司的副总经理，也肯定不如级别在他之下的财务总监工作起来更有成就感，因为一家公司可以有四五个副总经理，但只有一个财务总监。

能量大小的区别，就在实职还是虚职，对具体事务有无影响力，还有这个人的背后站着谁，谁是他的后台，或者他拥有多大的权力，能做成多大的事。很多人这辈子只能做一个小小的芝麻官，可他的触角能达到的范围、他能散发的能量，比一些所谓的大领导范围更广更大，也更具体。

就拿古代的宫廷来讲，这就是一个活生生的大企业。皇帝身边一个割了命根的小太监，不过是一个伺候皇帝老子吃喝拉撒睡的"保姆"，却能把朝廷大员的小命捏在手里。几句好话能让一个人平步青云，几句坏话能让丞相级别的高官丢掉乌纱帽，甚至掉脑袋。当着很大的官，管理着全国几十个州县政务的人，可能还不如一个给皇帝倒尿壶的人有话语权。

想想我们的生活中，是不是也有这样一类人呢？他们不当官，不做生意，平淡无奇，但就是能在关键时刻决定一些事情的结果。

清代最有名的两个太监，一个是安德海，另一个就是李莲英。前者恃功骄横，后者是清代的厚黑第一宦，精通在宫里混的各种"规则"。这两个人，便堪称太监中的极品，职小却权力大，恣意妄为，在当时为害极广。

安德海进宫当太监的时候才10岁，这么小的年龄，就已经展现出了"职场油条"的本性。他办事灵巧，懂得察言观色，深得主子的欢心，成为最高权力者身边的大红人，对国家的走势都起到了不可忽略的巨大作用。

比如在1861年，他充当了那拉氏和恭亲王之间的密使，奔走于热河和北京之间，辛酉政变之所以能一举成功，他在其中立下了汗马功劳。但是他成为慈禧的心腹后，觉得受了宠，就开始自恃功高，干预朝政了。

别看他官微职小，一出手就不简单，奔着亲王皇族就去了，不但打压恭亲王，还挑拨两宫皇太后之间的关系。除此外，像疯狂敛财、骄横处世之类的事情，更不在话下。到最后，终于落得了一个身首异处。

说起李莲英，更是尽人皆知的一名权宦。他在清宫长达52年之久，是慈禧太后最为宠爱的贴身太监，同时他也是清代权势最大、财富最多、任职时间最长的一位大太监。政府的行政机制内没有他的位置，可他就是能呼风唤雨，干扰朝政，决定那些高官的命运。对内，他对主子卑躬屈膝，无所不从；对外，他凶狠残暴，无情无义。朝廷上下的高官权贵，无不对他巴结奉承，否则就要倒大霉。

很多人的事业毁掉，就是败在了自己最亲近的人手中。这表明，活在这个社会，不管是当官，还是做生意，或者做其他的任何事，都必须看清周围的人，要小心他们扯着你的虎皮，为他们自己做大旗。

一个小小的秘书，握着领导的大印，假传圣旨，只手遮天，权力简直没有边界。他们能借助领导的关系和影响力，办成很多违法乱纪的事，用你的影响力，去替他的私利开路，压倒那些职位比他高许多的人。

有些没有头衔的人权力也很大，比如一些管理者的家属或者亲近的人。本来他们只是毫无职位的平民百姓，却也可以成为不可一世的特权阶层。有一次我去洛杉矶的一家华人公司参观，就看到董事长的一个女性亲属在公司走来走去，昂首挺胸，还训斥了一名员工，好像公司是她的家一样。

我就问旁边陪同的接待人员："她是贵公司的高管吗？"

接待人员不好意思地笑了笑，摇摇头："不是，她经常来公司玩，我们都习惯了。"

哦，我顿时明白了，原来只是一个老板的亲属在这里体验当主人的感觉。她在这里一点职位都没有，但因为背后站着董事长，竟然对公司的行政主管都横鼻子瞪眼睛。我当时就断定，这家公司将来能发展壮大的机会是极其渺茫的。后来果然验证了我的判断，在金融危机中，许多重要位置的人才纷纷跳槽而走，没有人对这里有一丝一毫的留恋。

西汉武帝时期的豪强郭解，不过是淮南王公主的马夫和护卫，相当于今天的司机兼保镖，却由此一步登天，借机吞并土地，建立了自己的庄园。当时，对于郭解是人人畏惧，地方官避之唯恐不及，哪里惹得起呢！人们不是怕郭解，而是怕背后的皇家势力。

由上可见，小职位大权力，往往具备两个共同点：

1. 都有一个靠山。

2. 职位大小无所谓，能调动的资源才重要。

所以，职位的高低与实权的大小有时并非一回事。身在职场摸爬滚打的你，首要看重的不应是职位高低，而是掌握了多少资源，可以做成什么样的事情，这才是全世界每一个国家的社会生活和各个领域中的最重要的权力定律。

权力和能力无关

> 有人站在山上，有人站在山下，虽然站的位置不同，但是两者眼中看到的对方是同样大小的。人的高低起伏、上上下下，并不完全由自己的能力决定，而是取决于其他看起来并不重要的因素。

在社会上，我们经常会发现一种普遍存在的现象：一个人的能力和他所处的地位未必一定成正比。在更多的时候，它们反而会成反比。

你越是才能出众，有很强的手腕，越是身居于下位；越是资质平庸，没有过硬的能力，反而越能步步高升、荣显无比。

有时候，有能力的往往没有权力；有决定权的却往往没有能力。想做事而且能做事的人没机会，有机会的却做不成事情。

这听上去不由得令人气愤，就像南方一家公司的陈先生对我抱怨的："在公司的招聘会上，我被面试官投了全票，第一轮就被录取；在试用期，我的业绩是最好的，但转正比别人迟了两个月；在这两年的工作中，同事公认我的能力最强，早就该升到市场部主管的位置，但上周结果出来，让人大跌眼镜，竟然是一个以拍马屁著称的家伙，他除了给领导端咖啡非常及时外，还会什么呢？"

类似陈先生的境遇如果讲起来，全世界各个国家都会有无数的人有一肚子的委屈。是的，你很有能力，你配得上拥有一定的地位和话语权，但是，你就是得不到相应的权力，只能接受一个不公平的结果。

这很不公平，但这却是古往今来普遍存在的一条定律。为什么会这样呢？因为人们的本性都是嫉妒强者，生怕被强者比下去。所以，凡是能左右你前途的人，他们首先看重的不是你的能力，而是你是不是听话，是否对他有利。在权力的金字塔结构中，处于上层的人，他们在提拔一个下层之人时，当然不会允许这个人威胁到他的权力。

因此，在权力与能力的博弈中，我们就看到了"能臣"与"奸臣"的共同存在，他们永远分不出胜负，也相依而存。背后，其实是权力制衡与秩序控制的因素在主宰他们的共生。

在战国时期，楚国的屈原"博闻强志，明于治乱，娴于辞令。入则与王图议国事，以出号令；出则接遇宾客，应对诸侯"。从历史的这段记载看，他是一个很有才能的人，但他遭到了楚怀王的疏远和大臣的陷害。在楚怀王死了以后，他继之又遭到了顷襄王的流放，最后自己还投身汨罗江死了。相反，楚王身边的那帮奸臣们，比如令尹子椒、上官大夫靳尚等，反而一个个禄位长保，位子坐得稳稳当当。

长期宦游于权力游戏和名利博弈中的人，都很擅长揣着明白装糊涂，明明有自己的能力和见解，但就是装疯卖傻，做事喜欢随波逐流，从不站在众人的对立面上。这样做有一个好处，他们的官位可以保得长久！

因此，能力差照样能获得高地位、高待遇，就看你怎么运作，如何选择阵营，还有怎样避免成为领导的眼中钉和杀一儆百的典型。

现实中的一个怪象则是，一个人所处的职位越高，他就认为自己的能力越高。

在两种情况下，人们最容易吹嘘自己的能力。一是恋爱中的男人。他们的许诺要远远大于他们的能力。但是，女人很是受用。二是升职的男人。当了县令，就想当知府，而当了知府，又觉得自己应该去六部。他们认为自己的能力随着"官阶"而提高。

人的欲望总是不断膨胀的，不断增长的虚荣心也会让人看不清自己的本来实力。有句俗言说，一个人只有在如厕时，才能发现自己不过如此。

为什么这样讲呢？因为人们在外面闯，在办公室互相吹牛侃大山时，大都沉迷于自我幻想的一种状态中，觉得自己真的无所不能了。

他们被名利牵累,被向上爬升的欲望捆绑,只有进了厕所,才突然意识到:"哦,原来我还是这样的,依然摆脱不了吃喝拉撒睡,没什么大不了的。"

职场亦是此理。人对权力和金钱的追逐是无止境的,今天当了科长,觉得自己能当处长,当了处长,又认为自己可以当局长。买彩票今天中了两千,就觉得明天能中一万,后天可以一夜暴富了,凭空就认为自己的本事增加了。

这就是职场的一种奇特现象:职位越高,收获越多,他就觉得自己能力越强,越应该得到更多。

天宝十四年十一月十五日,安史之乱猝然爆发了。安禄山以讨伐杨国忠之名引兵南下,唐玄宗对安禄山的图谋不轨没有丝毫察觉而未加防范,因此安禄山的军队一路势如破竹,所到之处,地方官吏不是弃城逃跑,就是开门迎接,大军长驱南下,进攻势头直逼两京。安史之乱的消息刚刚传到长安,就引起了朝堂上的一片恐慌,坐在龙椅上的唐玄宗也是焦虑万分,如坐针毡。

这时候的朝中,不但没有太多的军队防御,而且有才干的将领也相当匮乏。唐玄宗认为封常清可以胜任与安禄山对抗的重任,于是就向他询问计策,封常清一听玄宗对自己如此看重,不由得心花怒放,大言不惭道:"今太平积久,故人望风惮贼。然事有逆顺,势有奇变,臣请走马诣东京,开府库,募骁勇,挑马棰渡河,计日取逆胡之首献阙下!"皇帝听了很高兴,觉得有封常清在,自己又可以高枕无忧了。

封常清吹牛不打草稿,低估了安禄山的军事实力,也高估了自己。

他所招募的士兵都是些没有经过军事训练的平民百姓，军事力量根本不堪一击；而安禄山阴谋蓄志，将近 10 年，此时发动叛乱，必然都是千里挑一的精兵猛将，双方作战实力如此悬殊，封常清不惨败而归，那可真是怪事了。

他屯兵武牢守御安禄山的来犯，安禄山派出铁骑蹂躏践踏，官军大败。封常清聚集其残余部队，在葵园又与安禄山正面交锋，结果又是惨败。转眼之间，安禄山已经打到东京洛阳了，封常清与安禄山在洛阳城内的上东门交火，一如往常地惨败。

安禄山最终如愿以偿地攻陷了东京。安军从四面城门杀入，纵兵烧杀抢掠。封常清在都亭驿与敌人展开交火，铩羽而归；退守宣仁门，又是大败。最后没办法，只好从苑西环墙仓皇逃跑。

玄宗本就为安禄山的造反忧心不已，眼见安禄山无往不利，京师长安朝不保夕，而封常清又屡战屡败，连一次战捷的消息都没有，内心的惶恐使他一怒之下将封常清的脑瓜砍了下来。

封常清看不清战事形势，一听皇帝要重用自己，首先想到的是自己马上就要飞黄腾达了，可是他没有理智地想一想，这是块烫手的山芋啊！若是轻而易举地就能将战乱摆平，还用得着你吗？肯定早有其他人将此事揽入怀中了，这样既能立下大功，又可以取得皇帝的信任和奖赏。可是安史之乱是一场非比寻常的祸乱啊！在还没有掌握情势的前提下，信誓旦旦地向皇帝保证一定能完成任务，结果不仅没完成，反而一败涂地。接二连三的惨败，皇帝看了能舒服吗？而且事关大唐命运，在这种关键时刻掉链子，龙颜自然是要大怒了。

清代有一个大字不识的人，他不学无术，整天就是遛狗斗鸡，好吃懒做。忽然有一天，这家伙来了官瘾，想弄个官当当。在那时候，想当官是要考科举的。一开始，他靠老父亲的钱买通了下面的考官，弄了一个秀才的名号。这是第一步。秀才的帽子一戴，他就觉得自己了不得了，走在乡里，昂首阔步，比真正的知识分子还牛。别人在街上遇到他，问他今天都干了啥，他脑袋一扬："读了几本古书！"一点也不脸红，好像自己能读多少书似的，大家也不计较，偷笑几声走开。

没人给他难看，他就越发得意了，心想：混当官这事不难嘛！当秀才算什么，这只是我的第一步。于是他又开始花钱买路，捐了几千两银子，买了个官，当上了县令。全县的大小事务，全归他管。他把官服一穿，就开始乱审案，两个月不到，冤案堆了六七件，他还觉得自己判得很对，一点问题没有，而且还求老爸接着使银子，他不满足只做个县令。

凑巧，皇帝的钦差大臣南下，路过此县，看这小子一见自己就吹牛，很不顺眼，就说自己心情很好，想题几个字。字一写完，钦差问县令："我写的什么意思啊？"他伸头一瞧，说不出来了，不认字啊，连毛笔都不会拿。钦差气坏了，登时就摘了他的乌纱帽查办，全家都被株连。

没有金刚钻，非揽瓷器活，结果就是这样，给他高官厚禄，他也无福消受。但现实中，许多人乐此不疲，虚荣心主宰了灵魂，在名利之路上越陷越深，被权欲迷住了头脑，走上不归路。比如以前曝光的一个女贪官，她做到了市委这一级别的位置上，不过才是初中学历，字都写不好，发言稿都要靠秘书加工，据说她还认定自己前途一片大好，还能往上升。到出事被双规了，她才恍然大悟，原来自己做过的很多事，都是瞎胡闹，自己根本就没那个能力。

所以有些人，级别升了，觉得自己了不起了，就想折腾一下，展示一下自己的"能力"。某地有个市长，新官上任要烧三把火，大兴土木，建了一座古代风格的旅游园区，耗资十几亿，结果成了一堆豪华的无用建筑，因为交通不发达，地处偏僻，根本没人来。他连基本的考察规划都没做，一拍脑门就瞎决策，这就是自我膨胀的典型。

为什么会出现这种现象呢？社会生存能力定律的根源，除了自我欲望的膨胀之外，还有什么原因呢？恐怕那些巴结上级、对领导唯命是从的人也有责任。做领导的因为自己缺乏有效的监督，也没人跟他说实话，每天听到的都是马屁，活在掌声和鲜花之中，何况还有美酒和推不掉的应酬，再清醒的人，也难免头脑发晕，失去自知之明。大家都对他竖大拇指，他慢慢就觉得自己真的很了不起了。

于是，这些人盲目乐观，欲望更加浓厚，想得到更多，拼命地向上爬，最终被自己不达标的本领拉下马来。

领导的心理很简单，他怕你会超越他，然后抢走他的位置，更害怕你成为他的上级，鄙视他的能力。所以，当一个能力很强的人碰到一个能力很差的领导时，结局就很尴尬了。他一定不会让你获得很好的地位，而是会趁你还没有站稳脚跟的时候，就处处打压你，排挤你，施加冷暴力，让你"知难而退"，到别处混日子，离开他的"一亩三分地"。

更正确地来说，只有财富，才可以很直接地提升一个人的社会地位，而不是能力。当一个人的社会地位提高以后，人们贪图于他的财富,就会来巴结他,他的人际网络就越发达。人际关系好,办事就容易,做事的时候轻松,赚钱也就更加容易了。

这是一个循环。因此,人际关系能力强,也不见得他的社会地位就会高,却能证明这人有本事,他有机会去创造更多的财富,那么就有机会提升他的社会地位。这一切,其实与一个人真正的工作能力并没有太大的关系。

∽ 成功是以结果论英雄

小人又贪心又奸恶,唯利是图,完全没有道德感。这是地球人都知道的事实。所以反过来我们想,既然一个小人这么奸,不择手段,无孔不入,那么如果君子不懂得不熟悉他们的伎俩,又怎么能战胜他们呢?

进了社会,我们就会不可避免地碰到小人。全世界哪个地方都有小人,而且他们一般都是吃硬不吃软的,如果你一味地迁就姑息,他们往往就对你得寸进尺,认为你这个人好欺负。如果采取宽容和对待君子的态度,你就会吃大亏。所以,对付小人要想收到效果,在必要时就一定要采取一些非常规手段。针对各种小人,采用不同的方法。

一位两袖清风、坐怀不乱的君子，或者一位名誉乡里、道德高尚的好人，他就一定能当个好领导吗？未必，因为在人心叵测的名利场、钩心斗角的职场，表里如一而又不会使一点手段的人，往往就会好心办坏事，不但做不成好领导，还会被那些阳奉阴违的阴谋者利用，轻松地玩弄于股掌之间。

情商很高却没点手段的人，不但办不成好事，阻止不了小人，反而会无意中助纣为虐，最后他还是一只无处可逃的替罪羊。在职场，这类的结局毫无悬念。好人通常会成为坏人的工具，上演一幕幕"好心办坏事"的悲剧。

阴暗高手的对决

许多历史爱好者都会知道明朝的名相徐阶，他在任时做了很多利国利民的好事。但你知道他是怎么得到内阁首辅这个位置的吗？为了斗倒自己的前任奸臣严嵩，他委曲求全，曲意逢迎，把孙女嫁给他当小妾，一天三请安，见了面背弯着、头低着，礼数周全，低声下气，就差趴地上给他擦鞋了，极尽巴结之能事！

他身边的人都看不下去，像高拱、张居正这些徐阶的学生，平素恨极了严氏，做梦都想扑上去咬这老贼几口肉下来，当然都对徐阶的行为很不理解。有一次，他们就略带讥讽地问他："老师，你这么做，就不怕让天下正直的读书人寒心吗？"

言外之意：老师，您的年纪也不小了，对严氏那种奸人如此的卑躬屈膝，也太不要脸了吧！

徐阶微微一笑说："那些正直的御史们倒没让天下读书人寒心，他们秉笔直书，天天向皇上揭发严嵩的罪行，跟老贼誓不两立，确实值得人们敬佩，但又能怎么样？脑袋搬了家不说，事办成了没有？最后还得靠我扳倒严嵩，不信就走着瞧好了。"

高、张等人侧目而视，可也无话可说。的确，当朝的言官御史，不乏正直之士，好人如云。挺身而上，与严氏贴身肉搏者每年都不下数十人，甭说伤严氏一根寒毛，能保住自己小命的都屈指可数。

就是说，目标是一回事，手段又是另一回事，现实就是如此。

老狐狸徐阶就很懂得"逆势不取，顺势为之"的道理，当严嵩权高位重并深受皇帝倚赖时，他不做鸡蛋碰石头的傻事，而是保存实力，麻痹对手。虽然严嵩几次想找借口干掉他，却都没抓到什么有力的把柄，因为他简直就是严家这边的人，从不跟严氏作对，反而事事顺从，严嵩根本找不到理由下手。

老家伙靠着一颗坚忍的心，挥舞着善变的身姿、谄媚的手腕，一直等到了严嵩失势，也就是嘉靖皇帝终于露出要清除严家势力的迹象时。老谋深算的徐阶见时机到了，果断地出手，把东南通倭的罪名安到了严嵩父子的头上。

这招虽然说有一点阴损，但结果是严嵩的儿子严世蕃脑袋搬家，严嵩后来也慢慢地失去了皇帝的信任，丢官回家，流落街头，活活地被饿死。徐阶替天下除了一害，结果是好的，手段自然也就具备了一定的甚至是基本的正义性。

击败小人，就得比小人更小人

周星驰主演的电影《九品芝麻官》里，包龙星的父亲临终前对他说了一番肺腑之言，大意就是：坏人很奸，好人则要更奸。

运用到职场上，这是至理。学不会身死留名，学会了明哲保身，学精了弘扬正义。

这是做君子的三重境界。纯粹的君子，不屑于玩弄手段、隐藏自己，昂首挺胸进职场，大义凛然树正气，结果就是一副薄板抬出来，荒郊野外埋下去；那些二流境界的，学了奸术，却污了自己的道德品质，不敢出头，只求自保，就成了明哲保身的伪君子、墙头草，这类人为数最众，身居企业权力中心的十有八九都是此类；只有那些既心怀天下，又通奸道的厚黑高手，才可以在鱼龙混杂的职场中游刃有余，先保身，壮大实力，再求良机，铲除奸邪，为公司的发展和机构的纯净做番大事。

电影中的包龙星刚开始发展事业的时候，也立志要做一个正直不阿的君子，处处特立独行，着实的一身正气，但最终他发现不但君子做不成，连一个小小的好人也没机会做了。因为你脸上写着"我是好人"，可你又办不成好事，大家都不相信你，而所有的"墙头草"们都跟你作对，拿你当仇敌，两边你都不讨好。

按照牌路出牌，行正道，做正事，只会防不胜防，处处被动，明枪输给暗箭，落一个满盘皆输。像那些不怕死的御史们，精神可嘉，效果却未必好。最后能斗倒权臣和坏人的，往往还是比权臣和坏人更加"狡猾"的人。

对小人，人们当然不能纵容，也不可同流合污。但这并不意味着不讲斗争的智慧，非得黑白分明，势若水火，哇呀叫着冲上阵前，拼个你死我活。

君子在小人的面前，首先不能对他们的坏事视若不见。睁眼瞎是做不得的，纵容和包庇，只会让自己助纣为虐，和小人没什么两样。

其次，适当学会一点韬光养晦，掌握小人的那套手法和思路，知己知彼，方可以百战不殆。一句话，你得比他还要阴险毒辣，先保证自己不趴下，才能把对手踩在脚下。就算突遭暗算给斗趴下了，也能够瞅准机会咸鱼翻身，重新爬起来，把失去的东西给抢回来。

∽ 理想主义的悲惨现状

再正义的君子，也得认真地想一想做事的手段。理想主义看起来总是美好的，但结局也许是悲惨的。今天你放过了一个小人，明天小人就会把你连肉带骨头吞进肚里。只有理想和魄力的人，百无一用，必要的手段才是你影响和控制局势的翅膀。

心机和手段使你的魄力体现出应有的价值。心机就是城府，而城府就是深刻地明白这个社会十分现实，理想必须埋在心底而不是挂在脸上，才有实现的可能；手段就是工具，也是方法，仅凭一腔热血，你不可能做成任何事，必须拿出实际的计划和有效的方法才能达成目标。

为了活得更好，去使用一些手段和心计，并不是让人们去采取不可告人的阴谋诡计，而是为达到成功而采取的正当的方法，是做人做事的一种技巧，也可以说是一种智慧。就像爬树一样，如果有些枝杈挡住你的方向，它们又不能对这棵树起到积极的作用，为何不把它们砍掉呢？如果一堵墙竖在前面，特别坚固，暂时爬不上去，为何不绕开它呢？

像上面这些，就是手段，也是方法。同时，亦是古今成大事者无不深谙的"为人之智"和"做事之道"。

举一个例子，比如"见义勇为"。家长和老师常教育孩子和学生："做人要见义勇为。"没错，这是很好的理想，但怎样去实现它呢？就需要明智的方法，而不是呆板僵化地一股脑地往前冲。见到坏人就搏斗，的确属于见义勇为，可是你被坏人杀死了，也没能救出那个受害者，这样的结果又是你期望的吗？显然，手段不对，理想再闪耀也没用。

一个11岁的男孩跟同学在一个大沙坑旁边玩耍，很不幸，他的小伙伴掉进了沙坑旁边的水池中，11岁的孩子马上施以援手，没承想自己被淹死了，小伙伴也没救出来。于是，做父母的就非常懊丧，后悔自己当初教育孩子要助人为乐。

这就是一个很常见的例子。教育孩子助人为乐并不错，可是有一个前提，那就是确保自己安全无忧，然后再去拯救他人。也就是说，必须保证手段的有效，再去追求理想，才能如鱼得水，取得收效。司马光就比较聪明，他道德高尚，同时也有实用的手段，当他的同伴跌落到水缸之内时，他没有跟着往里跳，而是开动脑筋，用石头砸漏了水缸，排除了伙伴眼前最紧迫的危险，用最安全的方法救人，还让自己留下了千古美名。

做事仅凭着热情是不行的，光有正义感也无济于事。如果你就是这样的一个人，那么不得不说，你是很容易被人利用、为人所操纵的，你会轻易地成为一颗善良的垫脚石。正义感仅存在于我们的心里，实现正义还需要机敏的头脑、灵巧的动作以及超强的能力，并控制自己的思维，以免被外界的各种诱惑干扰，让自己变成一个坚定的务实主义者，你才能始终清醒。

对此，很多热血满腹的人似乎不屑一顾，甚至还有几分鄙视。他们不屑于耍手段，只想坚持原则，教条式地抱着完美做人的信条。我相信，这样的人在生活和工作中是会不断碰壁的。如果一个人不懂得采取一些手段去对待一些不得不对待的事情，结果肯定让他失望。他会变得愤世嫉俗，将错误全推给这个"黑暗的社会"，而从不反思自己。

我还在 FBI 工作时，遇到了一位叫作华妮的女士。她在协助我们破案时成为一名特别重要的证人，但显然我们合作得并不愉快，原因在于她对 FBI 的侦讯方式很不认同。她不屑地说："格兰德先生，请不要让我作伪证，尽管我知道他是坏人，他从南美进口毒品，伤害了很多家庭，但我希望你们能拿到真凭实据，而不是对他栽赃陷害。"

瞧，我们都笑了，她真是一位善良的女士，即便要逮捕一名罪恶累累的毒贩，她还是不忍心帮助我们捅上"不怎么光明正大"的一刀。我对她说："华妮，我很理解你的想法，其实我也是这么想的。但是你知道吗，这名罪犯早在5年前就被拘捕过，但因为缺乏充实的证据而被保释。人人都知道他是该死的，也有许多人看到他在售卖大量的毒品，但敢于站出来的人少之又少。他每次逃出法网之后都会进行报复，你不会希望类似的悲剧再次上演吧？"

4天后，华妮的答复仍然是"NO"。我们档案中的"毒贩1号"再次逃脱法律的制裁。不久之后——正像我对华妮预言的，与华妮一街之隔的好邻居索菲太太莫名其妙地死于一场车祸。这是毒贩对华妮的警告，警方还是找不到证据。

华妮从来没有反思过她自己——虽然我们清醒地看到了自己破案方式的欠缺，但我们也十分深刻地认识到，这些办法虽不光明却有着巨大的正面效果。如果你是一位热情而正直的人士，你可能就会犯下华妮的"错误"——坚持着自己的原则，不屑于某些必要的手段，同时迷惑于为什么看不到一个皆大欢喜的结果。

不管做什么，我们都需要动脑筋，也都需要相应的条件。理想要坚持，魄力要体现，手段也要具备，这才是完人。历史上，曾国藩那样的就是完人，三者兼备；王莽那样的就是"三缺一"，只有理想和魄力，手段拙劣，造成了全国大乱，最后落了一个头破血流、自己死于乱军的下场。

在社会上伸张正义，要有手腕，要看时机。

平时做事，要讲条件，要有工具。

处理人际关系，要有目标，有格调，同时还要有方法。

要知道，缺少了必要的方法，不论你的出发点有多好，都很难达到预期目的。

有时为了必要的自卫反击，我们也要学会黑人的智慧。也就是说，为了实现抱负或者某些目标，关键时刻就得当机立断，"不择手段"，甚至要不惜牺牲一些人的利益，用局部的损失去换取整体的胜利。君子不具备这样的魄力，他就是一个没有任何力量的普通人；职场管理者如果没有这样的城府，他就是一个毫无作为的小职员。虽有美好的道德品质，却只能浑浑噩噩地度日，做不成什么大事。

历史上，有一些良臣，他们为了扳倒那些大奸大恶之人，会故意对他们的罪行睁只眼闭只眼，让他去作恶，自己悄悄地抓证据。等到时机合适了，成功率最高的时候，突然倾力一击，将他打倒，清算其罪恶，铲除其根基。看起来被牺牲掉的那些人是无辜的，但最后的结果是好的。

有一个名词叫作"伤害控制"，即：将无法避免的伤害控制在最小的范围内，以期实现最大的目标。一个真正有能力的好领导者，他们是深谙此道的。只不过，要做到这些，需要很强的魄力和高明的手腕。

如果空有一番抱负，抱着极其理想化的单纯想法，我们不但斗不过那些奸恶的小人，反而会把自己无谓地牺牲掉。

历史上就有这么一位鲁莽的傻人。汉武帝时期的武人灌夫，他看不惯皇帝舅舅田蚡的胡作非为，就跑到他的婚宴上，借着酒劲耍酒疯，怒斥他的恶行。虽说他所言属实，一点也没夸张，却因为他头脑简单，行事鲁莽，把自己给扔到了坑里，被田蚡五花大绑地关起来，不久就被杀掉了。

田蚡正愁找不到借口对付他呢，他就自己撞上了枪口，死得一点价值都没有。

我们再想想让明末的大太监魏忠贤陷害致死的那些人，哪一个不是忠心耿耿的好人，或者是自以为为民除害、为国除奸的呢？可只是一个好人，想做好事还远远不够。他们之所以死得这么不值，正是因为缺乏斗争策略，以为秉笔直言就能让皇帝看清奸臣的真面目，替天下除害。岂不知，谁奸谁忠，皇帝心里其实最清楚，除奸需要的是时机，是准备，是足够的力量，而不仅是一腔没有智慧的热血。

当然，这并不是说，我在这里鼓励读者凡事都做一只缩头乌龟，任外面风雨飘摇，小人狂舞，国家危难，自己躲在洞里不敢出来承担责任，而是告诉社会上的良人们，无论是做人还是做事，要想战胜对手，就得比对手更强大，更有城府，不然你怎么立足？自保都做不到，何来升职加薪，春风得意？

∽ 未来总是不确定的

　　福祸从来都是相依的。春风得意总是暂时的，它难以永恒，也没有时间保障。今天你可以意气风发，明天就可能摔个嘴啃泥，成了落水狗。所以不管你取得了多大的成功，拥有多少财富、名声，坐到了多高的位置上，都一定要让自己时刻有危机感，时时地提醒自己小心谨慎。

　　好事和坏事从来都是可以互相转化的。没有一个人会永远幸运下去，也没有一个人会一直倒霉。没有永远不变的高官厚禄，荣宠可以瞬间集于一身，也可能一夜间烟消云散。今天你是一只威风凛凛的大公鸡，明天就可能被拔掉毛，做成了只能扫扫灰尘、除此之外别无他途的鸡毛掸子。

　　所以，这一条生存的潜规则，也被人们称作"鸡毛掸定律"。

　　有一句话叫作"乐极生悲，物极必反"。这个道理不管在什么地方，无论做什么事，都是适用的，而且我们都会有过这方面的经验。摔了跟头才知道适才的风光只是一个警讯；丢了工作才想明白得意时的作为是多么幼稚。

在最得意时夹紧尾巴

　　人在得意时就想竖尾巴。尾巴一撅起来，就容易让人给揪住！多么质朴的道理，可就是有人记不住！我们看看几千年来的中国历史就会明白，那些被人搞掉或死无葬身之地，或身败名裂的达官贵族，呼风唤雨的牛人们，无不是在这一点上晕了头脑，犯了错误。

明朝著名的大将军蓝玉，是在他军功最辉煌时倒掉的，因为蓝玉案而被朱元璋杀掉的接近两万人。蓝玉可谓从天堂掉到地狱的最为极致的典型。

蓝玉是明朝的开国功臣，著名的将领，当时凤阳府定远县人，常遇春的内弟。一开始，他投奔到常遇春的帐下，作战非常有谋略，而且勇敢善战，在战场上屡立战功，渐渐名声显赫，由管军镇抚一直升到了大都督府的佥事。

洪武十四年，朱元璋封他为永昌侯。二十年，拜为大将军。第二年，他就一手主导了历史上著名的捕鱼儿海之战，杀死了北元太尉蛮子等高官，获得马驼牛羊15万余匹，又大破哈剌章营，获得了大量的人畜。

为国家立功到这种程度，在中国历史上蓝玉也算名列前茅了。作为那个时代最为传奇的华夏将领之一，蒙古人对他闻风丧胆，一听他来了，第一反应就是丢下帐篷逃跑，跑得越远越好。所以，朱元璋对其也是宠遇甚隆，比之为明朝的卫青和李靖，封他为凉国公，其权力达到了人生的顶峰。

这时的蓝玉是怎么做的呢？他不但没有危机意识，反而居功自傲，日益地骄横跋扈。比如：他蓄庄奴，收义子，达数千人之多；而且恃强凌弱，侵占民田。当御史找他质问时，他竟然用鞭子将御史抽了一个半死不活，然后将其赶出门去。皇帝忍了，谁让他有功呢？

但是这还不算，蓝玉不知收敛。他北征回师，夜经喜峰关，因为守城的官吏没有及时开门，而是让他天明再进，他竟然纵兵毁关而入，带头违反了国家法令。

如此的所作所为，终于引起了朱元璋的不满。朱元璋透过种种渠道向他暗示："你应该老实一点了。"但蓝玉毫不在乎，不以为意，不但擅自决定军中将校的职位升降与军队的调动计划，还干涉宫中的太子之争，让太子朱标小心燕王朱棣。种种行径，传到朱元璋的耳朵里，终于让他动了杀心。

洪武二十六年，锦衣卫指挥蒋瓛揣摩圣意，告发蓝玉谋反。朱元璋马上下令，把他拘拿下狱审讯。一审不要紧，大刑之下，蓝玉供称很多人和他有串通，比如景川侯曹震、鹤寿侯张翼、舳舻侯朱寿、定远侯王弼、东莞伯何荣及吏部尚书詹徽、户部侍郎傅友文等，都想和他一起谋反，准备趁朱元璋去田地视察时，发动叛乱。

朱元璋大怒，下旨族诛蓝玉等人，上自公侯伯、文武官员，下至仆从小吏、亲戚门人，一个都不放过。蓝玉在他最得意之时，掉进了地狱。朱元璋杀到手软，还不解恨，又作《逆臣录》布告天下，让蓝玉永世不复，遗臭万年。

在这份《逆臣录》中，共有1个公爵、13个侯爵和2个伯爵，另外随同被杀者，多成数万，很多都是莫名其妙就成了被连累的冤魂。

这些人荣华富贵时何其风光，一朝权力丢失，地位丧失，就万劫不复，成了罪不容赦、大逆不道之人。

明代的开国功臣傅友德亦是这样的结局，打下了天下，为皇家立了大功，就觉得自己了不得了，得意地向皇帝索要良田，结果得到了一个被赐死的结局。领导最忌讳的是什么？不是你傻，而是你欲望太多。自古以来，都是可以共患难，不能同富贵。你帮领导打下了天下，这是功；但如果你要求分一块蛋糕，而且要求还很高，立马就会有罪了。罪不容赦，不杀你杀谁？

春风得意就猖狂，一猖狂就会掉进河里。风光时把尾巴撅到天上的人，下场往往不那么美妙。功高盖主必被杀，得意忘形一定要倒霉，这是铁律。

汉代的大将军卫青就很懂事，他知道自己功劳越大，将士们对他越拥戴，皇帝对他就越不放心。所以，即便荣宠集于一身，他也极为低调谦虚，将功劳分给大家。卫家权势当时极重，卫青的姐姐是皇后，外甥和他一样，也是大司马，朝内拥趸众多。汉武帝对他当然也起过疑心，但终因卫青很会做人，毫不贪功，对皇帝没有任何要求，姿态摆得很低，最后才得到了一个善终。

"福兮祸所伏，祸兮福所倚。"福祸之间是可以互相转换的，得意到了极点，往往就是失意的开始；最辉煌的时刻，意味着你将开始下坡。所以，最得意时恰恰要夹紧尾巴，低调做人。不然的话，就在你不可一世、摇尾巴撒欢之时，灾祸也就悄悄地降临了。

时刻要有危机感

你如果想在社会中求生存求发展，就应该时刻警惕自己，有一种危机意识。在职场中摸爬滚打多年的人对此深有体会，他知道，这种危机感不但能让自己事事小心谨慎，也是自己迈向更高职位的动力和源泉，因为他有危机感的同时，心中有提防，这就表明他也会有进取心，不会满足于现状。

董卓想废掉汉帝，另立一个皇帝，就找袁绍来商量。当时董卓兵重权大，打手众多，占据了京城，袁绍只是一个中级军官。听到要废帝的想法，袁绍当然不同意，董卓拔出剑来，冷笑："难道我的剑不够快吗？"袁绍岂受得了这种气，也拔出剑来，挡在胸前，怒目以视："你的剑能杀人，难道我的剑就不能杀人？"然后挥袖而去。

回到家，袁绍越想越不对劲，姓董的面子无光，肯定找自己算账，于是他赶紧骑上一匹快马，连夜逃出城去。果然，他走后不久，董卓就派兵去追杀他了。这时袁绍已经逃出了京城，跑到了冀州寻求庇护。董卓鞭长莫及，只得作罢。他要迟走一根烟的时间，恐怕就人头落地了，和被主人摘了毛的鸡毛掸子一样。

袁绍能捡得一条小命，完全是因为他意识到董卓不会善罢甘休，一定会在手下的怂恿下杀掉自己。尽管袁绍是名门之后、四世三公，是汉代有名的世家望族，而袁绍对董卓也是有恩的——正是他的着力推荐和建议，董卓才有机会带兵进京。但还是那句话，无限的荣光，在真正的危机面前其实很脆弱。若他还是摆着一副于董卓有恩，即使得罪了他也不必担忧的态度，当天晚上脑袋就得搬家了。

危机感挽回了袁绍的一条性命，这也给那些混于名利中的人敲响了警钟。职场的环境一点也不比高原上的气候简单，时刻复杂险恶，而且变幻莫测，今天的朋友，明日可能就改头换面，成为了你的敌人，那时候你可能还单纯地问别人："我得罪他了吗？"职场就是一个鱼龙混杂的小社会，如果缺乏这种危机感，对别人不加防范，很可能一句话就会让你身败名裂，搞不好就得卷铺盖走人。所以，想要明哲保身，而且还要飞黄腾达，步步迁升，你就不能没有危机意识。

唐玄宗在位期间，牛仙客担任左相。当时李林甫任右相，他的官阶尚在牛仙客之上，牛仙客深知李林甫口蜜腹剑，心肠歹毒，而他妒贤嫉能也是出了名的，曾经与在他之上的裴耀卿、张九龄争权夺位，接着又将上任左相李适之斗垮。

他知道，若想使自己长保相位，就不能在李林甫面前过分地显示自己的才能，风头绝对不可以盖过他。因此他伴装浑浑噩噩地度日，"独善其身，唯诺而已。所有锡赏，皆缄封不启"。每当需要他决议的时候，他都是说"但依令式可也"，不敢擅自主张。

他这种步步为营的危机感，最终躲过了李林甫的毒手，直到临终前，他的相位仍然坐得安稳如山。

时刻具备危机感，这样在职场中才能一个人生存下去，摆脱给他人当炮灰的命运。能够在职场中活下来并且有所作为的，不是伸长脖子骄傲无比的人，而是缩着脖子一脸小心翼翼的人。

∽ 知足常乐保平安

> 每个人都必须学会知足。无论处于什么样的环境中,只有具备了知足的心态,才能赢得长久。永远让自己低调地去追求实惠,而不是拼命地攀爬到一个虚荣的职位、地位或者拥有不切实际的名声。

做人要不务虚名,只求实务。做事要低调而行,追求实际的效果,而不是表面的动静和美丽但不实惠的光环。虚名有时候就是表面的职位和荣誉,鲜花和掌声;实务是地位和影响力,是财富和可以到手的实惠。

具体到个人,比如对一个刚毕业的大学生来说,他要清晰地认识到自己的人生和职业规划,一步步去追求实际的进步,而不是暂时的成绩和高度。职场生涯是一种马拉松似的竞技,人生也是一场比拼耐力和追求结果的竞赛。只有赢到最后才是赢得了真正的实惠,那些赢得一时的人,却经常输在了最后。

所以,千万不要为了一百米内的成绩和短暂的收益而妄自菲薄或者盲目乐观,你要做的而且唯一正确的就是,踏踏实实地做好分配给你的任务——前提是这些工作符合你自己的利益与需要,通过一点一滴的进步,鼓舞和修正自己,努力地去发现自己的错误和不足之处。

人之所以为自己招惹祸端,正是因为太不知足,心高脚短,眼高手低。"人心不足蛇吞象",对权力的要求无法满足,欲望没有止境。

升到了县长想当市长，当了省长又想当总统。即便春风得意，日子过得已经很好了，有些人还是伸着手不停地索取，全然不顾自己根基不牢，得罪的人已经很多。因为不知足，手伸得太长，仇人也就越来越多，那么，早晚有一天会遭到算计的。

就像东汉末年的董卓，一度威风凛凛，生杀大权全握在己手，可当他被吕布杀死后，也是惨状无法目睹，落了一个曝尸烈日的悲惨境地。若他当年收敛自己的欲望，安心做一个辅群安国的忠臣，不那么胃口大开，变成一个大野心家的话，又何至于死无葬身之地呢？

因此，想要在自己的事业中混得久一点，坚持的时间更长一些，取得的成就更多一些，最需要做的恰恰不是继续勇往直前，而是往回看，适当地满足于自己的现状，懂得适可而止的道理。你若是野心太大，时刻龇着獠牙，人人都把你当成危险人物。同事讨厌，上级嫉恨，因为你的存在，已经给他们构成了威胁，使他们不自然地产生一种危机感，生恐在不久的将来，他们的地位会被你取而代之。职场之中，明枪易躲，暗箭难防，说不定哪一天你就会在无意识的情况下，傻傲傻傲地钻进了别人设计的陷阱中。

安禄山造反，就是愚蠢至极的行为，抛弃了实惠，天真地想实现自己不切实际的野心。他在叛乱之前，可以说是承尽恩泽，深受皇帝的重用，唐玄宗对他百般宠爱。天宝十年的时候，他已身兼范阳、平卢、河东三镇的节度使了，坐拥当地的军政财三项大权，头上戴的大小官衔更是不计其数，皇帝对他的请求更是无所不允，活生生一个尽享荣华富贵的土皇帝。

李林甫这个奸猾之人在相位的时候，他或许还有所忌讳，因为李林甫是小人，向来不相信任何人，对安禄山也防范甚严。但是那时李林甫已死，朝中忠臣没有一个敢对他瞪眼的，他也瞧不上，觉得朝廷内部没有谁是他的对手。实际上，他已经是个不折不扣的地方国主了。虽然说杨国忠在玄宗面前对他屡进谗言，但玄宗对他还是相当信任的，只要向玄宗表明心迹，杨国忠再如何巧舌如簧，也撼动不了他的地位。

可他不知满足，依然决定要起兵谋反，最终虽然当了两年的瞎眼皇帝，但还是遭到其子安庆绪的谋害。忙来忙去，让自己的儿子给杀了，这个下场实在有点凄惨。

这就表明，在江湖上混，要学会控制自己的欲望，对于权力，不能太过急功近利，否则迟早会被欲望所吞噬。没有一个踏上权力之船的人不想着飞黄腾达，可是在追求名利地位的同时，不能不忘记，稍有不慎，可能就会招来大麻烦。因此，若想寻求长久之计，还是知足常乐来得稳妥。

历史人物如何，今天的人们又何尝不是？许多人为了升职，捞取好处，机关算尽，最后才发现收获远没有付出多，一点都不划算。

有一位北京的女士跟我讲了她自己的亲身经历。她曾经在银行上班，职业是做金融方面的政策规划研究，每年都能发表一些很有影响力的观点，深受领导的重视。后来，她觉得自己的事业不能这么单调，必须有所突破。于是，她就盯上了炒房的领域，凭借自己在金融行业的融资优势，在北京和上海两地购买了五套房产。一时之间，她成了炒房者追捧的对象，名声大增，时而还在媒体上现身，大谈她的房产观点。

时间长了，她就辞去了在银行的工作，成立了自己的房产投资咨询公司，当上了老板，专为那些炒房客提供咨询。听起来，她的事业更上一层楼了，可实际上，她的收入并没有多大的增长，名气大，实惠小。而且去年，北京地区的房价大跌，她购置的三套房产都赔了钱，炒房客也都不再来找她了，因为市场陷入了低迷。

她后悔地说："早知今日，何必当初！我真是捡起了芝麻，丢掉了西瓜！"

实惠没追到，她还丢了以前的工作。所以，让自己充满控制自己的危机感，其实是对于欲望的满足程度的一把衡量标尺，而欲望又是对一种名与利的追逐。在趋利避害本能的驱使下，人们都在争取着自己的福，最大限度地避免自己的灾祸。但能否真的做到在职场和名利上水不湿鞋、雨不淋身，就要看他能否控制自己的贪心、收敛自己的欲望了。

昨日的福可能就是今日的祸，而今日的祸也可以变为明日的福。如果人们都能够明白世事的多变与福祸的短暂，是非就会少很多，开心和幸福也就真正地增加了。

人如果能做到事事知足，就能很好地控制自己无限膨胀的欲望，守住眼前的实惠，不贪图那些雾里看花的虚荣。因此，适应社会，本质上其实就是一种自我控制的游戏，修炼个人的境界，然后就能在处理欲望和关系这两个领域，做到可进可退。

人往往是知多知少难知足，这是人的弱点，就像《渔夫和金鱼》故事里的老太婆，她要了木梳要木盆，要了木盆又想要木屋，要了木屋还要住进皇宫，永远不知足，对自己无限的贪欲缺乏控制，结果要来要去，得到的是一场空。但是假如她适可而止呢？也许早就获得最大的实惠了。

∽ 嫉妒的本性

高你半级的人，往往会把你列入敌人的行列。他害怕你升上去与他平起平坐，不想让你变得和他一样强。至于同级的人，他们会是你天然的敌人。对大多数人来说，他们眼里的竞争就是一场零和游戏，不是你死，就是他亡。他们不懂得双赢的价值，也不关心双赢。无论如何，他们都要和你分出胜负。

如果你在公司已经有了一官半职，那么对这个假想敌定律一定感同身受。你很弱时，没人把你当回事，甚至还会有人同情你、帮助你，对你比较友好。但当你的实力、职位接近他了，他就开始警觉了。到这时，你们之间就做不成朋友了，只有敌人可做。也就是说，此时你要么离开，要么打败他、超过他，至于携手并进之类的美事，是很少出现的。

比如在职场，一个单位里平级的或者相差半级的干部有很多。怎么和等级相近的同事相处，成了一种危机术和生存术。毫无疑问，等级越接近就越有危险。因为高你半级的人对你会有强烈的危机感，怕你随时都可能与他们平起平坐，所以有机会他们就会打击你。而不管高半级还是一级，都是上司，他们给你穿小鞋就危险万分了。而同级的人则晚上睡觉都想如何超过你。

人与人之间相差半级最危险

简单来说，你和上司之间等级差得越远，你对他的威胁就越小。而这个等级的差距，就可被认为是权力的缓冲。上司跟你之间有很大等级差的时候，他当然愿意罩着你、保护你，并且给资源，甚至提拔你，因为他需要你为他卖命，替他充当马前卒，干苦事、累事、得罪人的事，帮他挡雨挨板砖。可是当你们只相差半级的时候，一切就都改变了，他不再信任你，不会再提拔你，甚至会越来越讨厌你，乃至于暗中打击和削弱你，最后发展到公开对立、势如水火，因为你再往上晋升，就威胁到他的地位了。

在某国土部门，小刘刚调来时，只是一个不起眼的小科员，什么都不懂，但他的工作有干劲，在顶头上司李科长的眼中，他是一块可利用的好材料。因为年轻人刚进职场，一定比老人更有闯劲，更敢担责任。所以，李科长对他特别照顾，给他不少机会，同时也没少把一些得罪人的活让他干。

但是过了一年多，情况就不同了。小刘凭着自己的努力，取得了更高一级领导的欣赏和认可，到了升职的时候。上级有意把小刘培养成后备干部，也就是说要破格提拔他，先让他做副科，跟李科长只差半级。这时，李科长对小刘的态度就发生了180度的大转弯，由以前的照顾变成了打压。他先是在各种小事上刁难小刘，给他制造工作障碍，后来又私下警告他，说："小刘，你要明白这里谁是老大，别不知轻重，给自己找麻烦！"

小刘对此很郁闷，心想，我可没得罪他啊，我平时对李科长一直尊重有加，内心是把他当作自己学习的师长来对待的，以前关系也不错，怎么突然就势如水火了呢？

他想不明白，回家跟刚退休的父亲一说，父亲的一席话才让他恍然大悟，如同从梦中惊醒："孩子，你现在是副科了，如果再升职，就是正科，虽说难点，但至少已经对他构成了威胁，他还能像以前那么对你吗？巴不得让你走人呢。"

这种情况是很常见的，相差半级的时候是最敏感的阶段，因为你再进一步，就跟上司平级，那就意味着要取代他了。这是多大的威胁？你是在夺他的江山啊！但现实中，很多人升职后，与上司之间只相差半级，却并没有意识到危机来临，还像往常那样处理与上司的关系。棋差一步，反应又慢，就很容易让上司的一些小动作给搞下来。

比如，古时的皇帝提拔臣子，开始都是重用有加的，倾力扶持。但当这个臣子一路高升，做到了丞相的位置上，相权大握，皇帝就开始改变态度了，从扶持变成了打压，从信任变成了怀疑，从提拔重用变成了打压和抑制。因为相权很大，对皇权是有极大威胁的。这时，皇帝就会扶植另一股势力、另一个人来制衡他。

你一定要记住，一个上司愿意把你当成亲信，是由于你对他没有危险。当你的上升对他构成了威胁之后，你将不再是他的亲信，而是敌人。你们将是竞争对手，他随时会压制你。稍不留神，你就会被他挤走了。

平级是天然的敌人，别幻想有和解的可能

古代的时候，帝王为了能更好地操纵臣下，就让水火不容的人分列同级，让他们互相竞争互相搏斗。只有这样，他才觉得自己是安全的，可以利用属下之间的矛盾，玩平衡，整倒对自己有威胁的人，保持江山的稳定。

总而言之，下属斗则上司心安，下属和则上司心乱，聪明的领导绝不会坐视自己的下属团结无间，那样对他最不利。当然，他也不会希望下属斗得不可收拾，那样工作就没法做了，自己的领导也不会满意。

历史上，擅长玩弄这种权术的皇帝有很多，甚至可以说，这是做皇帝的基本素质之一。搞这一手最有名的当数明朝的嘉靖帝和清朝的康熙帝。

嘉靖时期，他扶植了严嵩一党，又让徐阶、高拱他们入阁，就造成了两派不共戴天的抗衡局面，你死我活斗了十几年，结果就是皇权稳定了，没人能威胁到他朱家的江山。看着斗得差不多了，他才在年老的时候干掉了严嵩，把徐阶这些能干之臣留给自己的儿子，又给孙子准备了一个张居正，让张居正跟高拱他们斗。到了天启年间，东林党得势，皇帝又重用了魏忠贤，对东林党进行打压，让这些级别相差

不大甚至平级的人互相斗争，自己从中渔利。

从这点来看，重用奸臣的皇帝其实并不昏庸，他清楚地知道哪些大臣是好官、哪些是坏官，只不过，出于利益平衡的需要，他不得不让好坏同朝，善恶厮杀。"用小人来抗衡忠臣"，就是这种思路的典型体现。

康熙时，朝廷出现了明珠与索额图的党争，两个人都功劳很大，树大根深，各自拥有一套人马，斗得不亦乐乎。康熙明知他们办了很多坏事，可就是不动手。因为他知道，两党相争，他尚能得渔翁之利，若一党独大，皇权就要受威胁了。

所以，直到明珠与索额图两个人斗得筋疲力尽，时机已到，他才收网，将两个人的势力慢慢拔除，然后慢慢填补新人，给将来的新皇帝铺路。

皇帝不希望看到属下走得太近，最好派系分明、互不相让才好，如此才利于他的操控。因为属下如果团结了，就会联合起来对抗上司。这不但屏蔽了上司的信息通道，使他被孤立，还会有把他架空的危险。职场上也是同样的道理。

从另一方面讲，平级的下属之间，竞争的味道也很浓厚。因为大家是平级，谁也不服谁，可升职的机会又不多，越往上爬，就越是金字塔的上端，粥少僧多，当然就容易斗起来。鸟为食亡，人为财死，在利益面前，谦让只能被当作幌子撕破。

在日常生活中，我们不知不觉地受到别人的嫉妒，或自己本身也在不知不觉对别人产生嫉妒之心。被嫉妒的人常常是自己周围熟识的人。有时，明知道是嫉妒，是不应该的，却无法消除。

嫉妒心理总是与不满、怨恨、烦恼、恐惧等消极情绪联系在一起，构成嫉妒心理的独特情绪。不同的嫉妒心理有不同的嫉妒内容，但尤为突出的就是名誉、地位、钱财、爱情。嫉妒具有四大特征：

一是具有明显的对抗性，往往不看别人的优点、长处，而总是挑剔别人的毛病，甚至不惜颠倒黑白、弄虚作假；二是具有明确的指向性，一般在同事或同学中，看到那些自认为原先不如自己的人都冒了尖，于是嫉妒心理油然而生；三是具有不断发展的发泄性，如言语上进行冷嘲热讽，行为上疏远被嫉妒者，甚至是进行攻击性强的报复行为；四是具有不易察觉的伪装性，如本来是嫉妒某人的某一方面，却不敢直言，故意拐弯抹角地从另一方面进行指责或攻击。

我们每个人都需要在这种局面中客观地评价自己。当嫉妒心理萌发时，能够积极主动地调整自己的意识和行为，从而控制自己的动机。这就需要客观、冷静地分析自己，找差距和找问题，而非盯着别人，嫉妒别人。

重要的是要看到自己的长处。聪明人会扬长避短，寻找和开拓有利于充分发挥自身潜能的新领域，这样在一定程度上会补偿先前没能满足的欲望，缩小与嫉妒对象的差距，从而达到减弱乃至消除嫉妒心理的目的。

1.别人可能真的付出得比你多，只不过你没看到。

2.这些东西只能带来一时的满足，而不是永久的。

3.这里面有你玩不来的游戏规则，能玩的人都挺累的。

4.你有不如人之处，就一定有比别人好的，相信自己。

5.不去争抢这些小惠小利，也许你的朋友会更多。

∽ 把羊和狼放在一起

在草原之上，有绵羊的地方，就会有狼来搅局。社会也是如此，有君子，就有小人，当然还会有帮助君子的人。你不管在哪儿混，都会轻易地找到自己的盟友，也会立即发现你的敌人。他们就像一对孪生兄弟，总会同时出现在你的身边。

这个世界有好人就有坏人，有君子就有小人，一个人有朋友就有敌人。还有句话说："不是冤家不碰面。"没错，你之所以老感觉冤家路窄，就是因为利益的分配原则和关系的混合原理在发挥作用：不管你干什么，你总能碰到知己和敌人，形成一对故事不断、精彩纷呈的组合，你需要充分利用盟友的力量去抗衡对立的势力，才能把事情做好。

就像一个物理常识，有正电子，就有负电子；数学原理也说明了这一点，有正数，就有一个对应的负数；有阴就有阳，有男就有女……几乎每一个学科都建立在阴阳平衡的基础之上。必须用理性的态度看待周围的世界，在看到坏人时，想到还有好人；看到对手时，想到还有盟友。

社会就像一座大草原，有羊就会有狼

在我们身边，"羊"一样的人总是很多的。他们全身布满羊性，讲规则，温和善良，踏踏实实地过好自己的每一天，做好自己的每一

件事。实际上，他们构成了金字塔体系的主要塔基，按照设定好的规则生活，从来不会有逾越的想法。

在他们中间，总有一些想做实事的人，他们有理想，有道德，不喜欢算计人，只想在职场靠实干混出点名堂。但他们不可避免地会遇到"狼"，也就是所谓的"坏人"和"小人"。因为利益的对立，他们跟你对着干，给你设置路障。

所以，有羊的地方一定就会有狼，从古至今，没人能够摆脱这个铁一般的规律。而对于管理者来说，他们也会有意地将羊和狼放在一起。

职场是一个很特殊也很复杂的场所，经历过宦海浮沉的人，都知道其中的风云变幻、诡谲莫测。一个身在职场的人如果只是一个人孤军奋战，没有任何援手的话，那他在职场生涯中会生存得相当艰难，稍有不慎，就会仕途失意，而且还背上不明不白的黑锅。

因此，一个人若想在职场中一帆风顺，就不得不试图寻找志同道合的伙伴，找到属于自己的阵营和队伍。

有一个成语叫"朝秦暮楚"，说的是战国时期，秦国和楚国在诸国之中的军事实力最为强大，而且处于相互颉颃的状态。秦楚两国势如水火，都想将对方置之死地而后快。于是它们各自蚕食着四周的蕞尔小国，以求壮大自己的力量，于是那些濒临绝境的小国家在面对秦国的骚扰时，就依附于楚国；在面临楚国侵略时，就向秦国示好。

虽然这样的做法令人有些不齿，可是，如果不这样做，它们将会面临宗庙社稷的倾亡，而一旦沦为秦楚两国的殖民地，性命恐怕都难以保全，更别说骨气了！

古代每当遇有灾害时，朝廷就会开仓赈灾，委派得力之臣下去监督粮食的发放。而每当这时，那些贪官污吏也就露头了，都想从中分块蛋糕。羊一出现，狼就尾随到位，如影相随。换言之，只要涉及利益时，就会有一场好人与坏人的大聚会、大碰撞。

小说《鹿鼎记》里有一个情节：韦小宝初次见到吴三桂的时候，听出吴三桂话语中带有扬州口音，他本身也是扬州人，所以他在说话时也流露出扬州口音来，这一下子就将两人的关系拉近了。这是社会当中人事的规律，利益纠葛，派系林立，你总能找到自己的阵营，也总是摆脱不了对立的利益阵营。因为最稳定的状态就是利益的平衡，不可能全是好人，也不可能全是坏人。

在草原上，羊太多了，就破坏草的生长，毁掉草原；狼太多了，又会造成羊的灭绝，都对草原不利。职场就和草原是一样的，这是一个生态链。要在职场站稳脚，首先就得接受这个现实。

国产电影《手机》里的费墨有句话：天下的事最怕结盟了。其实，不结盟反而不正常，结盟的原因是有对手。羊和羊结盟，狼也和狼结盟，合起伙对付共同的敌人。所以即便再简单的事，想真把它做成，也是有难度的，因为对手一介入，简单就变成了复杂，复杂就有了凶险，稍有不慎，你就让狼咬了一口，轻则摔一跤，重则丢了工作，毁了前途。

把君子和小人放在一起，你就可以同时制衡他们

为什么好人总能遇到坏人，君子总能遇到小人？为什么羊总是遇到狼？为什么总有人跟你过不去？你还要知道，这是有些领导喜闻乐

见的场面。领导希望属下有竞争，他们不希望属下团结得像铁板一块，那样他就没办法控制，而且很可能被架空。所以，领导会故意安排这样的组合。

打个比方，当两个人在相互争斗时，忽然出现了一个和事佬，将这场纠纷摆平了。这样那两个原来争斗的人自然都会对他心存感激。

一个有卓越远见的领导会善于在派系林立中稳固自己的统治和管理。把羊和狼放在一起，他的影响力就体现出来了，因为羊和狼都需要他来主持公道。

康熙皇帝登基当了8年的皇帝，始终没有真正地掌握实权，军政大权都操纵在鳌拜的手里，康熙对鳌拜的专横跋扈极端不满，于是任用索额图以迅雷不及掩耳之势将鳌拜擒获，随即迅速将其党羽一举歼灭，这才开始了他真正主持朝政的生涯。

当索额图势力逐渐膨胀，对自己构成威胁时，康熙帝又重用明珠，这两位宰相都暗地里培植着自己的势力，而且相互倾轧多年。明珠也不是什么好人，为人贪得无厌，而且极为嚣张，康熙帝心知肚明，但是仍不动声色，任由他们双方尔虞我诈。因为明珠及其党羽可以牵制索额图那一党派，会使他有所收敛。

等到两派力量都损耗大半了之后，康熙才游刃有余地收拾残局，两派力量顷刻间在他面前烟消云散了。最后这两位宰相，一个被罢相，一个直接被处死。

鹬蚌相争，渔翁得利。正是对康熙皇帝的管理和驾驭臣子之术的最真实的写照。

这就是为什么朝廷中的奸臣总是除不尽的根源了。对一个皇帝而言，他既需要张居正这样的能臣，也需要魏忠贤这样的大奸之人。黄河很浊，长江很清，但皇帝都需要。因为能臣太能干，眼睛里又揉不得沙子，即使皇帝做了错事，他们也会进谏，要求皇帝改正。皇帝为了抗衡这种局面，就会重用小人和奸臣，所以从古至今，贤相的实力很强时，奸诈小人也会得势，皇帝让他们斗得你死我活，他好从中得到渔翁之利。

权力安全规避术：避免一厢情愿

不在其位，不谋其政。然而有时候，即使是在其位，也不能事事都要去做，因为有些事做出来，未必就是领导愿意看到的。在职场中混差事的人，不能太精明，不能崭露头角太过。所谓"木秀于林，风必摧之"，说的就是这个道理。职场之险恶，如履薄冰，一个在职场上处世圆通、行事低调的人，不会给自己添惹太大的麻烦。一个人若是锋芒太露，很容易招致领导的忌恨。

你可能正在疑惑：为什么我拼命地做事、努力地工作，还会使领导对自己不满意？其实你应该好好地想一想，如果你将什么事都大包大揽，而且还做得异常完美，那还要领导干什么？领导的价值又在哪里？

要知道，在工作中，领导才是一个集团和组织的核心和中坚力量，是一个团队的头头。你这样做，会让他觉得自己无能，使他难堪。

在社会上混的人，若是得罪了领导，就等于身上装了个定时炸弹，随时都有可能被炸得粉身碎骨。《红楼梦》里有一个很鲜明的故事：

贾雨村本是个落魄书生，后来在甄士隐的资助下进京考取了进士，俄而就做上了知府，这个人虽然满肚子学问，才干优长，可是他太过恃才傲物，"那些官员侧目而视"，于是做官还不到一年，就被上司伺机参了一本，说他"生性狡猾，擅篡礼仪"。

其实"生性狡猾"只是句空话，重点在于"擅篡礼仪"，他不将上司放在眼里，在当时的封建社会，严苛的等级制度绝对不容忍任何人有所亵渎、有所对抗。大家都遵守着这样的规则，你凭什么跳出来破坏？等到他被革职的文书一下来，知府官员一个个都喜笑颜开，因为大家知道，这个眼中钉终于给除掉了。

所以，后来贾雨村终于学乖了，他机缘巧合地巴结上了贾政，在贾政的帮助下得以官复原职，可是他上任头一遭就遇到一件棘手的案子：小霸王薛蟠令手下豪奴将人家打死了，人家告到府衙。乍听到这个消息之后，他暴跳如雷，声称一定要将薛蟠捉拿归案，但他后来得知薛家与贾家渊源甚深，自己刚攀上了贾府这根高枝，决不能在半空中跌下来。所以，他想方设法周旋此事，最后只是让薛家多赔偿死者一点银子，将此事遮掩过去了。

贾雨村这种行为当然是应该谴责的，我们不能像他一样，违法乱纪。但我们在做事时也必须小心，千万不可理想化，同时也不必对社会的现状感到绝望。因为社会就是这么一个各归其位、各有所用的丛林，每个人都有自己的用处。老实人自然也能找到自己的位置，也会拥有自己稳固的权力领地。只要不犯在小人手里，对小人敬而远之，对领导忠贞不贰，即便逃不脱这种社会现实的影响，对自己的前途也无什么致命的大碍。

　　具体来说就是，有帮助你的人时，你不必因此得意忘形，因为一定会有同样非常敌视你的人；遇到敌对者时，也不必太在意和生气，因为你也能据此找到盟友。这是全世界的人们都在使用的独特的生态游戏，如果想在这个社会有所作为,这种现实是每一个人都必须正视和接受的。

—— 怎样有逻辑地说服他人 ——

CHAPTER
TWO

教你成为应酬大师

∽ 是不是重要人物，看你每天做什么事

　　一个人要把最重要的时间用在最重要的事情上，这是我们应酬时的基本原则。摆脱那些烦琐的小事，明白自己该做什么，才会拥有最高的效率。所以，看一个人是不是重要的人物，只需要看他每天做的事情就可以了。

　　我们决定自己该做什么的时候，就是需要节省时间的开始了。干的事对你的重要性，决定你能够省时多少，通常越重要的事，你越在乎，也就越省时。人在职场，必须学会选择对自己最重要的事，杜绝有任何的垃圾时间和无效时间，将有限的智慧用到有限的事情上，才能忙出效率，保证安全。

　　明朝的开国皇帝朱元璋有一个很好的习惯，他会把每天要做的事情都写在一个纸条上，然后贴在书房中，贴得到处都是。这样他每天早晨起来，到书房一看就知道今天有什么重要的事是他必须处理的，

什么事是可以放权的，又有什么事他必须自己亲手抓，一二三四分得很清楚，头脑一点不乱。

这个习惯表明，朱元璋是一位十分称职的帝王，作为国家的最高管理者，他明白自己最需要做的事情是什么，以及应该如何区分事情的轻重。如此一来，他既能管理自己，又能管理这个庞大的国家，对于政事一清二楚，很少出错。

有句话说："你是不是一个重要人物，看你每天做什么事就知道了；你能不能成为一个重要人物，看你每天做什么事就知道了。"

无论是职场还是人生，不管你从事什么职业，去做什么事情，这个道理都是通用的。就算皇帝，也要学会说"不"，不可事事躬亲，否则累死累活不说，忙不到点上，还容易让底下的小人钻空子。

李世民通过分权理政，将大部分细碎的工作交由下属分担，自己只做最关键的决策工作。他重用了大量的人才，由他们承担治理国家中的一些详细的工作，自己省心去长远考虑帝国的未来，由此创造了贞观之治。有人就评价说："中国历史上出了853个帝王，只有李世民一人拥有如此杰出的智慧和胸襟。"

在唐朝以前，中国封建体制的主要特征是权力高度集中，地方服从于中央，中央又唯皇帝马首是瞻。这种高度集权的模式，极大地限制了国民的创造性、主动性和灵活性。皇帝一个人管理所有的事务，累死不说，还没有效率。这样很容易出现昏庸之君甚至是暴君，因为皇帝要决策每一件事，事无巨细，所有事均系于他一人之手。说到底，他毕竟是人，不是神，更不是上帝，当然就会犯错。决定的事情越多，犯的错误也就越多，直到犯下不可挽回的错误，让帝国发生难以逆转的危机。

李世民的聪明之处就在于，他的管理模式明显地体现出了分权原则，由中书省发布命令，门下省审查命令，尚书省则来具体地执行命令。一个政令的形成，先由诸宰相在设于中书省的政事堂举行会议，形成决议后，报经李世民批准，再由中书省以皇帝的名义发布诏书。

而在诏书发布之前，他规定还必须送到门下省进行审查，门下省认为不合适的，可以拒绝"副署"。诏书缺少了副署，依照当时的律法，是不能颁布的，没有效力。只有经门下省"副署"后的诏书，才能够成为国家的正式法令，再交由尚书省执行。经常跟李世民对着干的贤臣魏征，当时就供职于门下省。魏征就是那个常常替皇帝纠正错误的人，又弥补了一项皇帝可能犯错的程序。

而且李世民还规定，就算他自己发布的私人诏书，也必须由门下省"副署"后才能生效，从而有效地防止了他在心血来潮和心情不好时做出有损于他清誉的不慎重的决定，给朝廷造成损失，给国家和百姓造成伤害。

1. 做事情越多的，时间越不够用的，越都是些打杂的底层人，他们每天都在被驱使，而他们通常毫无权力。

2. 越往上走，职位越高，担子越重，闲余时间越多，因为他们只负责处理最关键的事务，所以节省了大量的时间，能够用来思考和筹划未来的发展，他们经常是掌握最高权力的人。

3. 不懂得拒绝无关紧要的事情，你就慢慢变成一个不重要的人，失去最重要的权力；做不重要的事情，你就成不了一个重要的人物，也就谈不上掌握权力了。

所以每个人都需明白，办公室之中，不是所有的事情都该你做，也不是所有的安排和命令，你都没有办法拒绝。任何一件事情，都有它的命门，就像每扇门都有一把可以打开的钥匙。职场上的应付原则，其实就是人际关系的大舞台，是社会生存的大智慧的浓缩。

我们只要灵活掌握说"不"的技巧，没有什么事情是不能挡在门外的。关键是你要让别人相信，你看起来确实很忙，并非存心拒绝，或者你总能让自己处于一种"很忙很尽力"的状态中。

如此，你既可以享受拒绝的好处，还能打造一个为组织为领导努力工作的好形象。当然，最大的好处是你节省了宝贵的时间，可以腾出手来去做那些对自己更加重要的事情，提高时间的效率，从而有机会在社会的竞争阶梯上占据到更高的位置。

◎ 想节省时间，先学会说"不"

如果你不懂得拒绝一些东西，你就永远忙不完，而且很难做出任何成绩。忙人总是在做糊涂事。因此，想要做一些出成绩和高效率的事情，就要为自己节省时间。最佳的办法，就是知道自己必须在什么时候说"不"——向任何一个人，包括自己。

在今天的社会中，如果你想实现一些公关的目的，从别人那里获取利益，那么应酬从来都不会消失。应酬是社会生存的基本生态，也是公关的主要手段。东方的和西方的职场人士都得学会吃饭、交际和处理各种人际关系，应付复杂的社交场合。在这些地方，各种各样的饭局和琐事当然也多如牛毛，不断地累积占用你的时间，越吃越多，越忙越乱；其次，总会有很多做不完的事情排队等着你，做完这件还有下一件，让你感觉怎么都忙不完，难以理清头绪，也就慢慢地降低了效率。

一言概之就是："工作无小事，事事迷人眼；应酬最为大，时间是生命。"

作为一名靠完成工作、拿薪水吃饭的打工者，不管你是总经理，还是普通职员，如果你不懂得分辨事情的轻重缓急，不会审时度势，不明白该做什么事、不该做什么事，就很容易让自己陷入一种永远忙不完又做不出成绩的状态。这类人是职场上的拉磨驴和无脑的苦力，是社会中的打杂工。他们空有苦劳，没有实际的业绩，也就很难升职和获得最大的收益了。

所以，为了在有限的时间内做出更多的业绩，你就要学会对那些接踵而来的麻烦说"不"，掌握一点点合理拒绝的艺术，节省时间去做最重要的事。用最多的时间去做那些对自己的前途最有帮助的事情，这才是一个人在职场前途似锦的保证。因为吃得多除了发胖，不一定长营养；做得多除了受累，不一定能够取巧。

有一项数据显示：一个人平均每天会浪费至少 2 个小时在一些无所谓的事情上。比如吃零食、闲聊、玩手机、没有意义的聚会等。这些在计划之外的事情，直接浪费掉了我们的时间。

为了看看自己到底是不是高效利用时间的人士，你不妨每天做一个记录：每隔 15 分钟就记录一次自己在这段时间内所做的事情。把它们记在一个专用的文件中，然后每天晚上休息之前，回看一下有哪些时间是被这些琐事无谓消耗的，又有哪些是被自己突如其来的无聊想法给浪费掉的。

我推荐你把它记录一个星期后，再给自己做一个全面的分析与总结：

哪些时间我充分地利用了？

哪些事情我尽可能缩短了时间？

哪些时间我白白地浪费掉了？

哪些事情是我在空闲时根本没有想起来去做的，反而去做了根本不需要的其他事情呢？

从本质上讲，关键就是时间管理。一个人必须学会管理自己的时间，才能聪明地判断哪些应酬可以参加、哪些则必须推掉，毫不客气地拒绝这些事情来占用自己的宝贵时间。在这方面，我的朋友奥蒂赛——AMD 公司在加州分公司的市场部主管就很擅长管理自己的应酬。他说：

"从 20 年前我加入这一行开始，我就知道必须严格对待自己每天的 24 个小时。假如我因为一个不必要的饭局浪费掉了 1 个小时，那么第二天或者未来的某一天就会得到超过 10 个小时的惩罚，因为我要用 10 倍的时间来修补那 1 个小时失掉的黄金机会、错过的重要工作。"

有一段时间他陷入到了应酬的烦恼之中，因为总是有一些家伙（他的朋友）打来电话请他去夜店或其他娱乐场所进行"疯狂减压"。"嘿，来吧，奥蒂赛，这里有一些好玩的项目，保你喜欢！""喂，奥蒂赛，你还把我们当作朋友吗？"他们总是以这种方式催逼他赶紧出现，否则就"有损我们的友情"。

怎么办呢？如果换作其他人（多数人都会这样做），一定非常不情愿地放下手中的工作赶过去，即便表情充满痛苦，也要坚强地忍耐下去，陪他们度过这些无聊的时光，然后回去面对一摊让自己更加头疼的工作。

但是奥蒂赛没有，他发现无法在电话中对他们解释清楚——更多的时候是他们根本不会接受你的解释，奥蒂赛果断地关闭了自己的手机，并列出了一张时间管理表格，把这些应酬事项全部列入了黑名单，然后进行清晰又合理的安排，并且定期做出总结，为自己过去一周的表现进行打分，以便及时进行改正。

通过类似的有针对性的详细分析，你就会发现有一些时间（例如别人的打扰、回复别人的短信等）是可以尽量节省下来的。有些短信不必回复，而有些饭局则完全可以推掉。事实上，我们有充足的能力来推掉这些琐事，只不过我们同时又给了自己打发时光的借口，因此不知不觉中就让自己陷入了没有意义的应酬之中。

对此，你可以建议自己在做重要事情的时候不要让短信、邮件、无谓的饭局这样的事情打扰到自己，以提高做事的效率，把时间安排得合理有序。

学会利用时间的碎片，拼接起来去做重要的事情

比如我们在上一件事和下一件工作之间的时间，饭局前后路上的时间，卫生间的时间，等等。这些属于"死时间"，但能够用来做很多事情，我们可以好好地把它们利用起来。比如在赴饭局的路上，给一个朋友打电话，回复他昨天对你的某些请求，而不是占用自己的工作时间；在卫生间可以阅读某些材料，以便下午做出最终的决定。

把这些死的时间激活，特别是利用它们去做一些重要而不紧急的事情，你会发现自己的时间瞬间就增加了，不会再被那些无法推掉的应酬挤占其他的生活空间。

时间管理：对一天要做的事情排一个顺序

你不妨在每天早上起来后，首先就把自己这一天要做的事情排一个前后的顺序，把重要同时又紧急的和重要但并不急迫的事情拿出来，在这一天中进行优先处理。或者规定自己："我在一天内必须至少做一件此类事情。"然后将其他的次要紧事情安排在后面。如此日积月累下去，一定会有收获。

关于提高做事效率的方面，你还可以借用一下"二八原则"。多数人只能用自己80%的时间去完成20%的事情——这样做事的效率当然很低，而你的目标就是要让自己在20%的时间去完成80%的事情。这需要在时间管理上，将重要的事情都安排在自己头脑最清醒的时段，而不是在那些时刻去打游戏、看电影和约会。

这些不怎么重要的事情，完全可以放到精力不是很集中和办事效率不是很高的时候去做，对于时间管理来说，这就会很有帮助。此外，你应该拿出一些特定的时间段，用来思考下一步的时间安排，尤其重点考虑怎么处理一些重要的或者紧迫的人际关系——这毫无疑问要牵涉到我们的应酬。怎样既使人们维持对你的良好印象，又能节约自己的时间，是我们的一个核心问题。

∽ "应酬"首先是一道选择题

　　对于大量的且无穷无尽的应酬和饭局，我们不应该毫无选择地全部迎接。首先，一天就只有 24 个小时，不少也不多，你没有那么多的时间可以浪费；其次，应酬的根本目的是"办事"，很多应酬只是碍于面子去"凑数"，根本毫无意义。

　　对吃饭我们应该保持一个最基本的态度：不必要的饭局坚决不去，该去的一定不要错过。这是节省时间和提高效率的第一步。

　　在职场上，饭局是非常重要的交际方式，山珍海味，美酒佳肴，人们重的是局、轻的是饭，事情都是在饭桌上谈，商机往往在饭桌上出现。饭局太多了，每天都有，有时你推都推不掉，不去也得去，简直就像"幸福的痛苦""安乐的毒药"。

　　饭局当然也很重要，王公大臣，展现计谋，谋取国事，成就霸业；各种商业合作、人情往来，结盟或谈判，无不在饭局上完成。就是同事之间，同事和上司之间，饭局也是一个重要的应酬手段。不吃饭是不行的，一个从不参加饭局的领导，他要么是最大的老板（可以有这个权力，想去就去，想不去，没人奈何得了），要么就是在办公室打酱油的、在圈子里最没价值的（没人在乎你，自然都不请你）。

　　但你如果什么饭都去吃，什么局都去参加，则又会有更大的麻烦，因为你免不了要把大量的时间浪费在这上面，你就会做 80% 甚至

90%的无用功。大多数饭局你是捞不到什么好处的，或者说对你没有什么实际的益处，并且还有一些类似于埋单圈套的饭局，你屁颠屁颠地去了，只是纯粹去做一个冤大头。掏钱付账不说，那些吃客背后还嘲笑你，不拿你当回事，也没人领你的情。

所以，想要省时，对无处不在的饭局首先得挑选，哪些是必须去的，哪些又是可去可不去的，而哪些饭局坚决不能去，打死也不去。对这些我们的心中要有一面明镜，就知道什么时候该拒绝，什么时候又该应允了。像鸿门宴那种藏着刀枪也富含巨大机会的饭局，该不该去？怎么参加？就得掂量自身能力，综合判断，绝对失误不得。

饭局，不是简单的吃饭喝酒，尤其在职场。一顿饭，往往有着明确的意图。既然吃饭是局，就会有设局人、局精、局托儿，还有陪客和花瓶，这些角色一个都不会少。

如果你去了，注定只能做花瓶、陪客，捞不到半分利益，还有无限的风险等着你。那么对这种饭局，聪明的人就会说"不"，而不是只顾着几杯猫尿，屁颠屁颠地跑过去。

职场的饭局也是一种社会身份的认同体系，一张小小圆桌，坐下几个人，数人头，看排序，察烟酒，听说话。用一句流行语来说，吃的不是饭，也不是寂寞，而是尊卑和前程。看一个人常混迹于何种饭局，就可以知道他的地位、身份和财富，也能找到他的利益、社会关系、人际规则以及文化品位。

像"鸿门宴"，觥筹交错背后暗藏着无穷的玄机、杀机，就是职场饭局的传统常态。职场的饭局不是这么好吃的，有时去得起，却吃不起；有时吃得起，却消化不了。

凶险难测的应酬，笑里藏刀的饭局，也只有刘邦这样的人物，才能闯过这道鬼门关；如果你不是刘邦，没有那种野心和雄心，最好就别去瞎掺和。头大无脑，不会说"不"，只会葬身在看似美妙的应酬中，不但得不到想要的东西，无法巩固自己的权力，反而葬身于此，丧失本已经拥有的东西。

在本质上，饭局就是一场关系的检验和考试。不过与此同时，它还是一道关乎于"生死"和"智商"的选择题。

社会中的饭局，不仅仅是单纯的吃喝，而是一种微妙的关系的延续。老子在《道德经》中就说了：治大国如烹小鲜。当权者治国和管理一个组织，就像一个星级大厨，将各种食物配料融和烹调，从而达到政通人和的佳境。可见，吃饭不但是应酬，还是一种管理手段。

宋代的"杯酒释兵权"，是饭局政治的经典教材。赵匡胤在961年，安排酒宴，召集禁军将领石守信、王审琦等饮酒，叫他们多积金帛田宅以遗子孙，歌儿舞女以终天年，从而以饭局为契机，轻松解除了重臣的兵权。

对石守信他们来说，陪皇帝吃饭，不得不去，去了又得加倍小心，不清楚皇帝想干什么，可谓如履薄冰，战战兢兢。应酬是假，保命是真，玩的已经不是一种交际，而是一种政治博弈。像这样的饭局，稍有不慎，就得掉脑袋，身家俱灭。

从积极的意义上来说，重视和会挑选饭局的人，他们可以在饭局中无中生有，吃出一些"关系"来。而那些不善于交际或者是没有用心去交际和挑选饭局的人，常常会因为错过了一些应酬，而与某一位"贵人"擦肩而过，失去机会。

在全世界的范围内，中国人最讲究饮食之道，也就是很看重人情融合之道和社会身份认同体系。一场饭局，既是亲朋故交之间的沟通交流，也是生意对手间的交锋谈判。所谓人脉、圈子、社会关系、资源、一个人的能量，所谓友谊、生意和交易，最后通通绕不开一桌饭、几杯酒。

因此，中国人常说："酒肉虽然穿肠过，交情自在心中留。"

但你千万别被这句话的表面含义欺骗了。酒肉固然穿肠而过了，交情却未必就在心里边留着，因为大多数的饭局都带着一些具体而实际的目的。没有好处，谁也不会吃你的饭，来了也心不甘情不愿。同样，有些饭，大家打破了头也要去吃，就是因为好处多多。

这就很考验你的眼光和脑子了，脑袋不灵光的人，每天喝不少的酒，就是喝不出一点成效；聪明伶俐的人，可能一个月就两三场饭局，却能摆平大多数的事情，青云直上，就像坐了火箭一样，几步就把你甩在后面，你只有羡慕嫉妒恨的份。

危险的"客气"

请你吃饭是一种"客气"。有些饭局我们必须去，有些饭局很冤枉，有些饭局则非常危险。在社会应酬中，我们不但要管住自己的嘴巴、肠胃，还要控制好心态。在繁杂的应酬面前，做到时刻清醒是很难的，但至少我们能掌握好基本的分寸。

上司的请客

这种饭局是做下属的最常见的应酬。陪老板吃饭，陪着领导聚餐，和皇帝喝酒。这样的差事，不是工作，胜似工作。你不去，是不给上司面子，去了不喝酒还是不给他面子，喝了酒没醉倒，也是不给他面子，醉倒了没让上司尽兴，更是没给他面子。但是你不去又不行，因为他掌握着自己的生杀大权。

这种饭，我们就吃得异常痛苦。在心里都恨不能把上司灌醉了再痛扁一番，可是脸上依然得装出最和善温驯的笑容，陪着他在那里海阔天空地瞎扯。

就像古代的皇帝赐膳，臣子去参加，皇帝给你点上的所有的菜，是不能剩下的，都得全部吃光。但奇怪的是，史书没见记载有因此而撑死的大臣。因为这样的应酬，重点并不在吃上，虽然吃也是必要的程序。即使你心里有一万个不乐意，也万万不能表露出来；就算撑死，也要回到家以后再死，绝不能死在皇帝面前。

上司请客，下属不去，不但得罪了领导，还开罪了整个的职场文化、公认的潜规则。不去吃饭，看似是拒绝了一顿饭，实则是拒绝了同流合污，等于站到了以上司为代表的整个利益阵营的对立面，跟他们公然划清了界限。此中的痛苦滋味、严重的代价，非一般人能够承受。

所以，从古至今，大凡正在"道上"混的，莫不在饭局面前抖起精神，谨慎应对，尤其上司的邀请，不是奋力应约，就是欣喜若狂地投怀送抱，少有皱眉辞请、躲躲闪闪的。

明代的大清官海瑞，号称铁笔架，端的是一副清高之态。他活跃于嘉靖时期，给皇帝上了一封洋洋洒洒的《天下第一要事疏》，把嘉靖骂了一个狗血喷头，顿时扬名天下，成为政坛明星。张居正一看，人才啊！徐阶、高拱和张居正，都向后来的隆庆皇帝举荐他，要给他一个好位置。

到了张居正主政时，却对这位海瑞不再看重了，甚至觉得他成了一个让人头疼的鸡肋。用吧，这家伙油泼不进，火烧不开，行事乖张，性格怪异，自命不凡，对原则的坚持到了可怕的地步，不管是谁，想请他吃顿饭，都是一副"你们这是祸国殃民"的批判状，不但坚决不去，还会给皇帝上一道奏折揭发朋党。海瑞觉得，我们都给大明朝干活，做的是公差，肩上担的是大责任，私下就不能来往过密，只要在一起吃吃喝喝，就是用心不良，就会互相勾结，在工作上就分不清公私了。他坚持自己的这个原则，因此上司不敢提拔他。可是不用吧，他又清名在外，百姓喜欢。

在这种两难之中，张居正对海瑞只好敬而远之了，给他一个闲差，让他一边骂人去，把他当作一个骂人的工具。

让你去做冤大头的应酬

那些我们坚决要说"不"的应酬，就是让你去做冤大头的。因为凡是社交的饭局，特别是工作和业务方面的聚会，有同事，有客户，或许还有某些神秘的陌生人物，三教九流聚在一起，必有可告人或者不可告人之目的，不一定就是对你有利的。有些看似热闹的应酬，感觉会让你有所收获的饭局，不一定就真的能让你赚一口袋高兴而归，很可能只是让你去打酱油，或者干脆让你去埋单。

如果去了就得掏钱，这钱就不能白掏，重要的其实还是最终的效果。水到渠成，饭到事成，倘若不谐，要么再请，要么作罢，但是总有愤愤不平的时候，别人吃了自己的还不给办事，那你就真的成冤大头了。

现实中，我们真不少遇到此类饭局。虽是工作方面的重要聚会，各位头头脑脑都会到场，或者是一次代表着重要交流机会的场合，不去太可惜，可去了，又注定不会有什么好的表现机会，因为这不是属于你的舞台。你去不去，都无所谓，没你说话的份，去了只负责拿自己那份钱。参加的人太多了，领导都不会看自己一眼。可不去呢，万一领导知道了，后果又是大大的不妙。

这种冤大头的应酬，不时会成为我们生活和工作中的烦恼。当你面对此类事情时，切记要打起一百分的精神，万不可等闲视之。对付这类应酬，必须用三个原则去分析：

1.有与自己利害相关的人在场，与自己的切身利益有关，那么必须去，当冤大头也认了。

2.去了占不到便宜，不去就吃亏。这样的应酬，也不能拒绝。

3.去不去都吃亏，或者去不去都没便宜可占，这样的应酬，你就可以拒绝掉，完全不必去凑热闹。

去不去你都难办

有些应酬十分危险，虽然不怎么常见，但对于职场中的重要人物来说，亦是一种随时发生的难题。无论你去不去，对你来说都是一种麻烦。当你面临这种选择时，最聪明的做法无疑是说"不"，保持距离为好。或者，赶紧抽身而退，逃离危险，像石守信他们那样，交出对方想要的东西，避免危险。

赵匡胤请他手下的一干大将去吃饭喝酒，听起来甚是光荣。皇帝请我吃饭，多有面子，咱们又是立国元老，帮着打下江山的大功臣，别说吃他一顿，就是吃他一辈子，又有何不可？道理如此，可细思之，你有没有看见一柄寒光闪闪的大刀，在脖子后面架着？

最危险的不是吃饭，而是人们在饭桌上要谈的话题。在这个世界上，目的永远都最重要，手段却是次要的。石守信他们是聪明人，早就做好了心理准备。所以，赵匡胤一开口，他们就知道如何报答皇帝大哥的这顿饭了。没说的，辞职交兵权，回家养老。毕竟，权力再诱人，也不及老命重要！这是人们追求权力的核心原则：没命享受的权力，就不是福禄，而是一种毒药了。

∾ 为什么越辛苦就越倒霉？

拥有一两的智慧要胜过付出十吨的辛苦。怎样摆脱无休无止的苦差事，是一门艺术，也需要技巧。苦差事具有两面性：做好了可以通过考验，得到意外之喜；做不好，可就得罪了一大群人，当真是让你苦不堪言。

一个人不但要学会说"不"，还得学会聪明地去躲避那些琐事的捆绑。不用说"不"，不用得罪人，也能避开这些麻烦，才叫作完美。混在职场，活在社会，人们最怕琐事一大堆，让你永远都处理不完；更要命的是，不但苦日之结束遥遥无期，付出的苦劳还得不到一点功劳，干得再多也是白干。工作若是到这份上，离你屈死憋死窝囊死，也就不远了。

工作中，一定要小心上司的"甜言蜜语"。上司突然交给你一件劳而无功的事情，嘴里说得好听要栽培你，实际上却是让你把大量的宝贵时间都浪费在这些原地转圈的拉磨之中，这时的你怎么办？

这种事历史上当然是有的，不但中国有，外国也很常见。古罗马的皇帝哈德良，手下有一位将军，跟随自己常年征战。有一次，这位将军觉得他应该得到提升，便对皇帝说："我应该升到更重要的领导岗位，因为我的经验丰富，参加过 10 次重要战役。"哈德良听了，马上指着拴在周围的战驴说："亲爱的将军，好好看看这些驴子，它们至少参加过 20 次战役，可它们仍然是驴子。"

由此可见，在社会上，一个聪明的人要精通两个处世的原则：

第一，出力在精不在于多，出到了关键处，才叫功劳，出不到关键处，只是一只职场之驴、一个白出力的傻瓜。

第二，遇到了苦差事，应对要从容。撂挑子不干，那叫自找苦吃；傻乎乎地来者不拒，那又是一辈子的驴命。

清代的纪晓岚，混在乾隆皇帝的手下，吃香喝辣，游刃有余，远不是电视剧中所演的那么清风正直。他凭的是什么？随机应变方圆之道，不出苦力，不做无意义的事，真真正正是拿捏准了皇帝的喜好和脾味。

他投机取巧，经常不费吹灰之力，就获得在皇帝眼中莫大的"功劳"。不过，他的投机，是一种智慧的投机。也就是说，想钓鱼，就得知道鱼最爱吃什么，而不是弄来各种鱼饵，坐在湖边满头大汗地一钓就是一天，结果连只泥鳅也钓不上来。

有一天，乾隆请大臣们吃饭。大家吃得十分开心，喝得也非常畅快。这时，平素一贯爱卖弄学问的乾隆又开始诗兴大发了，他出了一个上联："玉帝行兵，风刀雨箭云旗雷鼓天为阵。"

　　有了上联，明显地，乾隆皇帝要求百官来对下联，结果大家都对不上来。乾隆皇帝这下就更有了兴致：竟然没人能对得上，你看，我这个皇帝多有才啊！不对，还有一个大才子没吭声呢，于是他点名要纪晓岚答对，想让这位大才子在众多大臣面前出点丑，满足自己看笑话的心理。

　　纪晓岚怎么做的呢？他如果和百官一样，沉默不答，就等于承认自己肚里没学问，以后怎么让皇帝瞧得起？如何突出自己的重要性？于是，他一出口，就把下联给对了上来："龙王设宴，日灯月烛山肴海酒地当盘。"

　　好联，的确是好联啊！但是皇帝生气了。乾隆面有怒色，半天沉吟不语，大为丢面。纪晓岚当然知道，自己得罪了皇上，但他不慌不忙地紧跟着又说："圣上为天子，所以风、雨、云、雷都归你调遣，威震天下；小臣们都是酒囊饭袋，因此希望连日、月、山、海都能在酒席之中。可见，圣上才是好大的神威，而小臣只不过是好大的肚皮罢了。"

　　言外之意，我的这点小小才能，在皇帝您那里算得了什么呢？我能对上来，不过是您故意让我答对的，一切归功于您领导有方嘛！乾隆一听，笑脸复现，哈哈大笑，表扬了纪晓岚，并且说："尽管饭量甚好，但若非胸藏万卷之书，又哪有这么大的肚皮！"

　　这就是取巧得功，苦干无功。纪晓岚作为一个读书人、纯粹的文人，治国是比不上那些各部门头头的，他平时能做的，也就是修修四库全书，写点诗文。在朝堂之上，这实在不是拿得出台面的严肃功绩，做得再多再好，也只是苦劳。但经他这么一设计，嘴皮子功夫适机地一展示，让皇帝顿时发现了他的重要性，那就是：纪晓岚尽管不能做一个治国能臣，却是一个十分合格的逗自己开心和满足自己虚荣心的弄臣。

纪晓岚的成功之处就在于，他懂得自己的"功"在什么地方，十分明智地利用自己的优点，并尽最大的努力抓住最恰当的机会进行展示，让自己从那些无效的表现中挣脱出来，直接取悦了最高领导，从而确立了自己在皇帝跟前的位置。

现在，烦人的苦差事也是数不胜数，甚至已经成了一些新人的职场烦恼。某家单位的大楼要重新装修，新来的小王因为公认的能力较强，领导就把他叫到办公室，让他来负责这次单位的装修和办公格局的布置。

看上去，这是在给他表现的机会，是在提携他。实际上，这却是一件得罪人的差事，因为装修不但麻烦，还要重新划分各部门的办公区，给那些老资历的部门领导们重新安排座位，座位和空间有大小之分，搞不好就把全单位的中层干部得罪了，小王以后还怎么混？可作为新人，小王又不好拒绝，只能硬着头皮往前冲，走一步算一步。

后来，还是一位心眼较好的处长给他出了个主意，告诉他应该怎么做。小王听了喜上眉梢，连连点头称是。于是，他接下了这个任务，开始替领导跑腿，而且是很认真的样子，一丝不苟，努力地投入进去。但是这个装修工作做了没多久，他就突然跑去找领导，愁眉苦脸地说母亲生重病住院了，父亲和妻子都在外地工作，只能自己去陪床。

"老母有病，我这个独生子，应该怎么做呢？"

理由真是绝妙无比，不得不让人重视。领导当然半信半疑了，世上怎么会有这么巧的事？但他面对小王拿来的"病历"，还有他母亲"及时"打来的电话，也不得不相信，只好准了小王半个月的假。装修工程不能耽误，当天单位就换了另一个人来负责了。

小王这招金蝉脱壳，玩得固然有点不可取，很不地道，毕竟是拿自己的母亲来撒谎，但职场险恶，领导阴险，一般的理由还真没什么说服力，也骗不过领导。所以，小王的行为还是有效果的。他成功地避开了这种既累又得罪人的差事，半个月后回到单位，领导早被其他事情转移了注意力，也没有在意。

你看，人在职场，事情缠身，每天都是一关，事事都是一道坎，每个人都要睁大一双眼睛，看看面前的这些事，哪些可做，哪些不可以做。不然不但浪费时间，还对自己有害无利。古往今来，多少人就因为这些躲不过去的"小事"栽进了水坑，断送了本来一片大好的前程。

这是一个保全自己的智慧问题，而与工作能力的大小无关。

—— 怎样有逻辑地说服他人 ——

CHAPTER
THREE

利益决定立场

✍ 什么样的人不犯错？

有些时候，有人一定希望你站好队伍，但是你知道，有时你不管怎么选都是错的。这时一定要学会装傻，虽然看起来很无能，但不会因此而犯下大错。

现实中，你会发现，很多时候形势的发展会逼迫你不得不站队，表示你的立场。当出现两个对抗的利益集团，一个圈子需要压倒另一个圈子，双方都会竭尽全力拉拢尽可能多的人加入自己的阵营。此时，如果你选择中立，可能当时不会受到什么伤害，一旦利益争夺战分出胜负，你的下场就是同时被所有人抛弃，成为人人敌视的对象。

站队就意味着要和另一方作对，站对了有时不一定有好处，但站错了队，后果很严重。轻则受到打击报复，重则丢掉乌纱，甚至被炒鱿鱼。

当你必须选择站队，但又知道无论怎么选都是错误的决定时，你该怎么办呢？中国历史上无数的装傻经典案例告诉我们：我们必须选择一个最不易犯错的方法，就是把自己变成"傻瓜"！一个绝对没有威胁力的不长刺的笨蛋，收起獠牙，闭上嘴巴，甘当无人关注、让人鄙视的小丑——越是此种人，反倒活得越滋润。

对于一些敏感问题，我们也要学会装傻，甚至要装瞎、装聋作哑。

高德调查公司刚成立时，有位国内的李先生到华盛顿出差，对我讲了他在公司的为人之道："我们是做食品生产的企业，前几年受各种负面新闻的影响，市场很差，总经理就想把公司搬到二线城市去，开拓二、三线的新市场。规划提上去，董事长不同意，就来征求我的意见，问我怎么看。"

我很好奇他是如何应对的，毕竟这是一个关系企业生死存亡的问题，同时也关系到李先生的个人选择。李先生笑着说："诚然，事关重大，不可因为明哲保身，害怕得罪两位企业老大，就闭嘴不言，那不是我的风格。但我也知道，董事长对总经理的不满已有很长时间了。这个年度的销售很差，董事长认为都是总经理的责任。现在他想搬家离开一线城市，未必不是逃避责任的行为。总经理非常需要一个盟友来证明他的观点在公司是很有支持度的。因此，两个人都希望我站在他们的那一边，来推倒对方的观点。"

我说："那你可真难办了，不管得罪谁，你这个市场部的主管都得吃不了兜着走。"

李先生说："是这样，但从业务角度分析，我认为总经理的判断是正确的。市场不佳，销售下滑，他虽有一定的责任，但主要是大环境不景气，他也无能为力。因此，基于这点考虑，我不可能支持董事长的想法，可我又不能明着说出来，不然我就成替罪羊了，董事长一定把他对总经理的怒火发泄到我的身上。"

李先生选择了装傻。他是这样对董事长说的："老板，市场现在变化很大，一线和二线城市其实没有什么区别，即便公司搬了家，也未必就能转危为安。"

这句话让董事长很满意，总经理则皱起了眉头。但是李先生接着说道："就当前的形势看，我们在一线的优势已经不大了，不管怎么样，总得寻找一些新的突破口，不妨先派几个人到二线城市打一打前站，看看效果。可以推行一些新的思路，半年后看看销售的业绩再说。"

这个表态，就是一种很聪明的转移重点的策略，成功地将董事长对准总经理的矛头转移到了"寻找市场的方法"上。同时，他既替总经理解了围，没有跟自己的上司作对，又替董事长想了一个"秋后算账"的方法：先让总经理找人去二线城市试运营，如果成功了，当然皆大欢喜；如果不成功，则可以名正言顺地整治他。

结果就是，会议开完，董事长对李先生很满意，总经理也在散会后握住李先生的手，一个劲儿地感谢他的鼎力相助。

你看，这样的"装傻"是有多聪明！既回避了矛盾，避免让自己陷入站队的不归路，又能很好地解决实际问题。就像金庸说过的："我年迈耳背以后，该听见的话就能听见，不该听见的话就听不见了。"

但是也有一些人，他们的装傻就有些过于明哲保身，不敢作为。他们坐在办公室里，平时很精明强干，但你只要问他一些要紧的问题，他就顾左右而言他，一副听不懂的表情，让你无可奈何，又气又笑，觉得他很让人鄙视。

当然，我们不排除这是很高明的生存术，是不知摔过多少跟头才修炼出来的境界。对于这类人，我们也要充分地重视，他们的技巧，有时也值得我们去学习和运用。

因此，你可千万不要瞧不起那些在你身边的"傻子"，他们话少，喜欢沉默，不出风头，占不到便宜，立不了大功，但在危险来临时，消失得无影无踪。而你，平时风头出尽，精明过度，这时就开始皱眉了。

所以，在你们眼中的一些"傻子"看似愚不可及，其实一点不傻，那只是他们的护身之术罢了。

∽ 最正确的答案不在选项中

真正倒霉的总是那些在二选一时明确表态的人，他们或支持A，或支持B，态度鲜明，立场坚定。但更多的事实是，A和B都不是最正确的选项。如果到最后你才发现自己站错了队伍，当时的表态就是在为你自己挖坑。

你不要害怕自己的装傻会带来什么后果，因为傻子无罪。夸张一点地说，傻子杀了人都不犯法，你怕什么呢？即便他们看出你在装傻，也依旧拿你没办法。相反，有些人还会觉得你很识时务。

商朝的最后一个君主纣王整天花天酒地，酒池肉林，美女陪侍，只顾享受，不知今夕何夕。于是他问身边的人，人们都说不知道，他又派人去问箕子。箕子叹了口气，对他的从人说："一国之主，让国民们连月日都忘记了，这个国家就很危险了；一国的人都不清楚，却只有我一个人知道，那我也很危险了。"

于是，他就对使者推辞说自己也喝醉了酒，一点也不知道时日。

还有一个故事，说齐国的隰斯弥去见田成子，两个人一起登上高台向四面眺望。其中的三面视野都很宽广，只有南面被隰斯弥家的树给遮蔽了。

田成子没说什么，隰斯弥回到家里，就急忙叫人把树砍倒，但没砍几下，他又不叫砍了。家人问："您为什么又改主意了？"隰斯弥回答说："田成子有篡位的野心，如果我表现得像知道了这个秘密，那我一定会很凶险。如果砍掉这些树，他肯定觉得我窥到了他的企图，一定会杀我的。不砍倒树，未必有罪。所以，我才决定不把树砍倒。"

这就是一种通过装傻表明"站队选择"的智谋。首先我不表示出我知道你想干什么，你不用担心我成为你的威胁；其次，就算知道了你的阴谋，我也会藏在心里，不会说出来，所以你更不用将我当成敌人了。

类似的例子还有燕王朱棣夺位之前的装疯卖傻。建文帝想削藩，派人试探朱棣的情况，看看朱老四是站在哪边的，对此的真实想法是什么。朱棣知道这时自己处于危险之中。作为藩王，他是无法表态的，因为不管他表示同意还是不同意，皇帝都不会相信这是他的真心话。

所以，他只能选择唯一的办法：装疯卖傻。作为中国历史上的一代大佬，他当然是能屈能伸，说装就装，一点不含糊。很快，朱棣疯了的消息就从北京传到了南京，大家都大眼瞪小眼，不敢相信。

建文帝听说以后，大为吃惊：我这位叔叔向来强悍无比，有勇有谋，而且身体很棒，在这个节骨眼上突然疯了，不会是要计骗我的吧？建文帝不是傻瓜，他当然不会轻易相信，就派了使臣到北京去检查燕王的病情。使臣领旨就去了，进了燕王府一看，好家伙！朱棣堂堂一个藩王，开国太祖的亲儿子，大热天的穿着棉衣躺在床上，口中流沫，全身都是脏东西，眼看就要疯死了。看见使臣来了，朱棣两眼发直，眼神空洞，表现全无异样，和一个真正的精神病没有任何区别。使臣看了看，还是不放心，就在北京停留了一阵子，没几天，就听说燕王府发生了更大的事情：朱棣竟然满院子找屎吃，把辉煌高贵的燕王府搞得臭气熏天，人人掩鼻。

这么一来，由不得人不信了。使臣赶紧回到南京向皇帝汇报，说："吾皇啊，您就放下这颗心吧，据臣在现场的亲眼目睹，燕王何止是疯了，简直已经失去了一个人的尊严，变成了一只得了失心病的动物。别说他想割据一方了，能保全性命多活两年，都已经是奢望了。"

建文帝哪里玩得过这位整年都在北方与蒙古人打仗的老谋深算的叔叔呢，就信以为真，不再削他叔叔的藩了，也扔下了杀掉朱棣的心思。结果，给了朱棣充裕的整军备战的时间，不久，朱棣就以清君侧的名义发动兵变，进攻南京。建文帝的军队被朱棣的大军打败，他也丢掉了皇位，葬身于皇宫的火海之中。

社会本就是是非之地，哪怕你说错一句话，都有可能招惹祸端。因此做人要不露声色，不要太尖刻，待人和善。要知道，伸手不打笑脸人，谁都不愿意跟一张横眉冷对的脸孔打交道；做事不要太执拗，要懂得圆滑通达，懂得放低姿态，这才是聪明睿智的为人处世之道。

《三国演义》里有一个"青梅煮酒论英雄"的著名桥段：刘备在还没有发迹以前，到处跑路，一会儿往东跑，一会儿又往西跑。有一段时间，他迫于无奈，只能追随在曹操帐下，为了防备曹操害他，他每天就只在后花园中浇灌除草，丝毫不表现出自己有志于天下的政治野心，主动将自己归于混吃等死的那一拨人。

但是曹操对他一点都不放心。有一天，曹操邀请他在一座小亭中饮酒，曹操问他："刘备啊，你看当今之世，谁可称为英雄啊？"刘备傻乎乎地列举了几个人，这个厉害，那个也不错，全是英雄。曹操一一听来，都轻蔑地摇头否认，对这些人不屑一顾，最后却突然说："天下英雄，唯使君与操耳！"

曹操的意思就是，天下能做点大事的，就我们哥俩了，你可别不承认！

此话一出，不亚于天雷当顶，刘备一听慌了手脚，自己的志向被他看穿了，自己恐怕小命不保。他敢承认吗？哪怕有一丝认同的表现，估计很快就要人头落地，让曹操给灭了。因为曹操明显是在试探，看这小子是不是要跟自己争天下，是不是站在自己对面的那一类人。

因此情急之下，刘备吓得将手中的筷子都掉落在地上。当时天空阴霾密布，突然打了个霹雳，他急中生智，对曹操说："哎呀，您看这雷声真大呀！"于是，他成功地将曹操对他的疑虑消除了。

试想一下，假如刘备当时明确表态，会有什么下场呢？这就是一种在强者面前的伪装之道，也是在凶险莫测的局面中隐藏实力和避免风险的最佳策略。

∽ 卖弄聪明"死"得快

很多人喜欢立刻去展现自己的精明，无论说话还是做事，生怕别人把自己当成傻子。把精明展示给别人看，本身就是一种愚蠢的行为。自鸣得意的结果，经常是自敲丧钟，成为人们嘴里的笑料。

自鸣得意的倒霉蛋总是特别多——他们自以为聪明，并且四处卖弄："嘿，瞧瞧我，有比我更聪明的吗？"结果证明他们比谁都蠢。

纵观他们的共同点我们就会发现，这类人大多很有才气，或者觉得自己很有才能，所以才会恃才孤傲，不把任何人放在眼里。

越有才华的人就越骄傲，觉得自己简直不可一世。但是又怕别人看不到，就总想着要将出来，让别人看见并且赞美自己。这样的人，往往是过高地估计了自己的能力和魅力，以自我为中心，喜欢看扁别人，过分自信且又自负。

在他们的眼中，没有什么站队和选择阵营的问题：因为我不需要巴结你们，我压根就看不上你们，你们应该来巴结我才对。怀着这样的心态，他们不会拉帮结派，也没什么特别好的朋友，特立独行，跟自己才是一派的，和谁都聊不到一起，慢慢地就变得越来越孤立。结果呢，在人际交往中四处碰壁，反倒被真正聪明的人利用，乖乖地充当了别人的炮筒、玩偶或者替罪羊。

自作聪明的人，还有一个特点，就是他们表面看起来挺精明，实际上总是成事不足败事有余。"聪明反被聪明误"，这就是专门给这种人设定的警句。凡是混在职场、社会的人，如果你意识不到此言有多么重要，吃亏是一定的。

历史上鼎鼎大名的才子苏东坡，这位宋代著名的文人，年轻的时候不知收敛，恃才傲物，为此付出了不小的代价。有一次，他去拜访丞相王安石，等待的时候看到桌上有一张素笺，上面题有两行诗："西风昨夜过园林，吹落黄花满地金。"

他很聪明，一眼就认出笔迹是王安石的，不禁哑然失笑。"西风正是秋季的风，而秋季菊花最盛，根本不惧风吹，即使焦干枯烂，也不至于落花满地。这个王丞相可真是个老糊涂了。"

此时他的脑子里，完全没有"对方是高官、一国之宰相，我应该低头巴结至少尊重一下"的概念。他想到的是，老家伙在糟蹋诗歌嘛，我得点醒他！所以，苏东坡扬扬得意地提笔续写了两行诗："秋花不比春花落，说与诗人仔细吟。"

写完后，他就将两篇诗稿放在一起，起身离开了相府。

王安石当然看到了诗稿，马上皱紧了眉头，急问下人，方知是那个年少轻狂的苏东坡所为。这位当朝大佬，心里边那叫一个不舒服。

事实是什么呢？在黄州一带，菊花真的是会落瓣满地的，而不是苏东坡想的那样。苏东坡以为自己很聪明，其实是犯了很大的错误。他对自己不了解的事情随意评头论足，发表错误的见解，还把这种未经调查的观点当成绝对正确的，对别人正确的看法冷嘲热讽，只能自找难堪了。

犯了错就得受惩罚，狂妄的人总有一天会碰壁。后来王安石就奏明皇帝，把苏东坡给贬到黄州去了，当了一个芝麻小官。王安石心想，我才没兴趣当面教训你，你就去那儿自己发现和总结错误去吧。

无论你多么聪明，如果在不恰当的情况下表现自己，就是一种愚蠢。何况有时自以为的聪明，很可能是错误的。像苏东坡这种情况，就算他的观点是正确的，那也是抢了王安石的风头，驳了人家的面子，下场还是得到黄州反省去。

不会作诗也没关系，最要命的是不会做人。一个人时时处处不忘表现自己、卖弄自己，只给自己脸上贴金，不为别人的精彩鼓掌，怎么会有人喜欢他呢？所幸苏东坡遇到的是王安石这样的一代明相，顶多贬他的官，挫挫他的锐气，假如撞上赵高、李斯那种人，他的下场恐怕就不是"面壁"这么简单了，搞不好脑袋都丢了。

真正有智慧的人从来不会招摇，反而会装作一无所知、又笨又傻的样子。为了迷惑和取悦对方，关键时刻，他们通常会适时地装糊涂，既能有效地保护自我，又能从容地观察形势。睁只眼闭只眼，你说我糊涂？其实我一点不傻！

记住，千万不要随便卖弄你的聪明！不管是做事，还是处理人际关系时，这一点都非常重要。在别人面前，谦虚低调一点，总有好处。聪明的人到处都是，但只有"傻子"才更容易避开攻击、受到保护。当别人都在展现聪明的时候，果断地退一步，你会发现，事实和真相并非你看到的样子。

∽ "沉默，还是沉默！"

高级装傻的方法千变万化，但是要领只有一个——管住了自己的嘴巴，抑制住自己迫切想表现的欲望。沉默，是一个人在社会中最大的智慧。

在你就某一些事情表态之前，在你开口之前的 10 ～ 60 秒钟，先让你的大脑转上几千个圈——想清楚这种做法的后果，然后再采取行动，说一些在当时看起来最适当的话。如果不确定会有什么后果，那么你最好的做法就是沉默，把你的舌头"绑"起来，不要透露你的任何一种倾向。

不得不站队和表态之时，不要紧张慌乱，可以顾左右而言他，实在逼急了，就说不知道，不清楚，不明白，不理解……随你怎么说，反正就是不表态。只要你双眼无辜地望着对方，像是一位傻乎乎的标准弱智，别人是不会穷追猛打的。在职场上，这不叫呆滞，叫作智慧。

还有一种装傻的办法，叫作被动的装傻。这是因为自己对于事情的真相不清楚，对于两人的恩怨不清楚，或者此事关系重大，到处都有陷阱，一个不小心，就会掉下去，因此只得装傻了。碰到这种情况，打死也不能表态，沉默为先，躲藏在后，不管对方如何地鄙视、愤怒、挖苦和嘲笑，这个态，都是千万表不得的。

这时，抱定一个心态："你们爱怎么样就怎么样，跟我没半点关系。"

因为有时候，对方不是不了解你的态度，只不过是想借你的口，将自己想说的话说出来罢了。这是更大的危险，如果你开了口，就成了他的棋子和工具，你说惨不惨呢？所以，你只有装得"更傻"才可以过关。

明末的崇祯是一个亡国皇帝。他为何会亡国呢？其中一个很重要的原因，就是他经常刚愎自用，志大才疏却又想中兴大明，许多事想做却又让大臣承担责任。所以，每当他要做一些事情时，自己死活不开口，就想让大臣先提出来，他再批准去做。事情做得好，是他的功劳，做不好，就把这个大臣杀了——谁让你提出了这个办法呢！

因此，时间一长，臣属们摸透了皇帝的这个脾性，都不敢开口说话了。皇帝问："李自成是该招抚还是该剿灭呢？"大家一片沉默。皇帝又问："关外的皇太极，是该和谈，还是该主战呢？"大家同样一片沉默。

这可怪不得大臣们，因为前车之鉴实在太多了。对农民起义，崇祯起初想以招抚为主，杨鹤自告奋勇，提出了招抚之策，结果招不住、抚不平，农民起义的规模越来越大，崇祯就把他法办治罪，杨鹤成了皇帝的替罪羊。后来，兵部尚书陈新甲琢磨着皇帝想跟清朝议和，就提了一个议和的建议，崇祯说："你去办吧，但要悄悄地做。"陈新甲就去办了，结果不慎走漏消息，满朝大哗。崇祯为了保全自己的名声，又把陈新甲给杀了。

有这样一位只想让属下背黑锅的上司，你不沉默，又能怎么办？所以，卖弄聪明，必须看上司是什么人。如果上司不是那种爱才和惜才之人，你就一定要学会装傻，先保全自己，再找机会做些实事。

可惜的是，生活中有太多的人因为心态浮躁，都在极欲地卖力表现自己的小聪明，唯恐别人说自己傻，笑自己笨，骂自己呆。于是我们就看到，越来越多的人都栽在了自己这张嘴上。

两个上级激烈地在那儿厮杀，争吵，辩论，你怀着一颗表现自己能力的心扑上去滔滔不绝议论点评一番，不是得罪了 A，就是让 B 很不爽。好了，战况结束，两位领导握手言和，然后你就惨了。

这种事情，就得揣着明白装糊涂，能躲就躲，躲不了，也得傻呵呵地表示你什么都不懂，千万不要伸出脚，站在某一条船上。因为领导之间，打打闹闹是常事，牺牲掉你这样一个小卒，那也是眨眨眼皮的事情。

李鸿章说，天下最容易的事情就是做官，如果连官都不会做，那也太愚蠢了。话虽这样说，还是有越来越多的人不得要领。这句话简直是我们做人做事的指示纲领，不管是当领导还是当下属，都可以拿来作为参考。为什么最容易呢？因为你只需要懂得装傻就行了。许多人明知道自己摆不平一些事情，却硬往死胡同里钻。因为他们连最基本的装傻都不会，而且还颠倒过来，非得去装明白。别说自己懂的事情不想放过，连本来就一知半解的事，他们也要上去凑热闹。

说什么好呢？这样的人，注定只能是强者的垫脚石了。

真正聪明的高手，都是大智若愚之人，该精明时精明，不该精明时装傻。在职场上，在仕途中，会装傻的人才容易合作，不会装傻的人只能成为大家的笑料。要知道，貌似聪明地做出选择只会"死"得快，只有装傻才能活下来，获得最大的利益。

你是他的人，他却是他自己的

这是一个永恒不变的真理："你是他的，他却是他自己的。"没有一个人是靠得住的，包括你的上司和下属，也没有一个同事值得你付出所有的信任，就连朋友也是如此，甚至于对你自己，有时也要小心谨慎，因为自己的行为也会背叛内心。所以，必要时留一手，别把自己扔进没有退路的墙角。有时，正因为你太信任一个人，才变成了他的牺牲品。

任何时候都一样，谁是你的人？没有，包括平时那些跟你最亲近的家伙，他们归根结底也不是你的人。不管什么时候，你都只是一个给上司出力干活的人，随时都会被过河拆桥。要有这样的危机意识，你才能生存下来，不被利用和抛弃。

很多初入职场的年轻人，稍微受到一点鼓励和青睐，被上司安排了很重要的任务，然后上司再温暖地献上一句"我很看好你"，就会觉得自己得到了器重和爱戴，恨不得把心肝肺都挖出来让上司看看："我是多么忠诚和努力呀！"于是，一路上拼死拼活地为领导卖命干活，结果论功行赏的时候，上司卸磨杀驴，过河拆桥，自己不但一点好处没捞着，还被扣了个好大喜功的帽子。

这种事情并不新鲜。历史上，为什么许多开国功臣在皇帝的江山安稳之后难以避免地被杀？他们在跟着君主打江山的时候，备受恩遇；

打下铁桶江山以后，却无缘无故地脑袋搬家，死了还是个糊涂鬼。

主子喜欢他们，恩宠他们，是因为主子能用得着他们。有的在前线拼命杀敌，有的在帐中运筹策划，都是在给主子开疆拓土，这个时候主子能给他们冷脸看吗？等天下平定了，所有的敌人都被消灭了，他爬上了龙椅，就高枕无忧了。主子们唯一有点担心的，就是怕那帮跟着自己一起共患难的老兄弟们会取代他们。因此他们寻隙就将他们除去。

忠诚总是有限度的

聪明之士会选择功成身退，既立下了汗马功劳，让老大感念你的好，又能留名青史、万世流芳。可惜的是，这样的聪明人太少了，历史上也仅范蠡和张良两人而已。

当年越王勾践被吴王夫差俘虏，混得极惨，夫差将他囚禁在一间小石屋里，还故意羞辱他，要他在大街上为自己牵马执鞭，但这个时候，范蠡仍然没有背叛自己的主子，跟着勾践隐忍到底。

3年后，夫差动了恻隐之心，将勾践放还回国，勾践卧薪尝胆，奋发图强，积蓄力量以报会稽之耻。范蠡与另一位很有才能的大臣——文种为他苦心经营谋划，共同拟定了"灭吴九术"，多年以后终于将吴国一举歼灭。

勾践灭吴以后，在诸侯国中确立了领袖地位。正当群臣在欢庆会上欢呼雀跃的时候，勾践却面无喜色，范蠡就觉察出勾践是个"可与共患难，不可与同安乐"的君主，于是趁夜泛舟五湖，过得逍遥自在！

狡兔死，走狗烹；飞鸟尽，良弓藏。再看看范蠡的好友文种是怎样的结局：范蠡走后，勾践对有功劳的老臣没有一点赏赐，跟旧臣也渐渐疏远了。有好多老臣都纷纷告老，文种郁郁不乐，常常称疾不朝。有一天，勾践去探视他的病情，临走前将自己的佩剑遗留在文种家里，文种一看不得了！

这柄剑名曰"属镂"，大有来历。吴国著名的宰相伍子胥就是被吴王夫差给赐死的，勾践将此剑留给自己，其中深意自然不问可知了。他不是傻瓜，马上领悟到了"老板"的真实意图。可怜的文种，悔不当初，却又无路可退，只好拿起剑来，引颈自刎了。

范蠡跟着勾践在吴国饱受 3 年苦难，即使夫差想拉拢他为自己做事，他都断然拒绝了，依然死心塌地地追随勾践。可是他能看出勾践的性格，先给自己寻思好了退路。《菜根谭》里说："笙歌正浓处，便自拂衣长往，羡达人撒手悬崖。"范蠡正是令人称羡的通达睿智之士。

给上司做事，始终站在上司这一边，对上司忠诚是无可厚非的，也是最基本的一个原则。

但是，你不能任由他摆布，也就是说，你在为他服务的时候，也要给自己留个心眼。

替死鬼原理：伤害控制

有的人需要"替死鬼"来为自己的失误承担责任。

曹操问他的粮草押运官："我可以借你的东西吗？"押运官诚惶诚恐："小人有的一定双手奉与丞相！"曹操说："我要借你的项上人头。"

于是，押运官死了，曹操厚葬他的同时，说他贪赃、玩忽职守，化解了士兵军粮短缺的反抗心理。

无数的史实都提示我们，教训不可谓不深刻，后人应该警醒了。当你意识到自己是谁的人时，不妨问问自己，他是你的什么人。要知道，在他心里，你可能只是个挡子弹的。

某公司的秘书，一直以为他的领导是他的知音，因为平时没事，两个人经常聊点文学、商业、科幻等话题，很有同感，两家的私交也很深。这位秘书就觉得，他和领导的关系绝不只是上下级这么简单，而是工作中的同事、生活中的朋友，还是可以做一辈子的良友。

但是有一天，某个项目出了问题，公司派人调查，领导把自己的秘书出卖了，让他成了替死鬼，而且眉头都没皱一下，跟他谈话时，还说这是伤害控制，是将问题严重性控制在最小范围内的最佳方式。这时，这位秘书才发现自己真正了解了职场的真相：他是他，我是我。

像这种事情很多，下属跟领导近了不行，远了也不行，那我们应该怎么定义跟上司的关系呢？

最常见的是第一种，你应该完全地忠于上司，他让你做什么你就做什么，从此成为上司的马前卒，不管刀山火海你都先冲上去。就像上面我们所讲，成为一名彻头彻尾的"曹操的运粮官"，在老板需要时，什么事都做，包括献上自己的项上人头。

第二种，当然就是表面的效忠，听上司的指挥，但实际上有自己的一套思维方式。

你只需要给自己一个定义：我只是在给他干活，如此而已。如果自己的利益有所需要，我就可以果断地抛弃他，壮大或保护自己的利益，让上司一边喝风受罪去。

也就是说，我该站在哪一边，成为谁的人，判断的唯一标准，都是自己的利益，而不是别的任何人的需要。只有这样的人，才能在这个社会活到最后，同时活得最好。

⌘ 让强者和你同一个阵营，你就赢了

一个擅长站队的人，他完全可以做到反客为主，将强者和自己牢牢地绑在一起。这个方法的前提，是你长期对于某个上司效忠，并获得极大的信任，乃至于整个公司之中，大家都知道你是他的人。

如果你能让强者（领导或者强大的客户）成为你的盟友，让他站在你的立场和阵营中，那么到了这个时候，对方实质上已经成为了你的一枚无敌令箭。不管你做什么，都会被当作是他们的意图，使你的影响力大大提升，也在无形中为你扫清了一些障碍。

像历史上那些"狐假虎威"的例子，都是这样发生的。比如明代名臣严嵩之于皇帝嘉靖，为什么他横行政坛几十年，做了那么多坏事，

无数的人告发他、调查他，就是扳不倒他？因为他很聪明地将自己和皇帝绑在了一块，他做的事不仅是为自己，还是在为皇帝牟利。如果一查到底，那些言官和良臣们就会发现：这些坏事都是皇帝干的。

对这个结果，皇帝是不允许的。所以，严嵩很安全。直到严嵩开始威胁到皇帝的利益，尾大不掉了，皇帝才决心把他干掉，榨取他的最后一点价值。

利用上司的权势，这叫作借势，同样是你对上司效忠的回报。怎么把上司绑进自己的战车呢？就像严嵩的策略，功过相绑，让自己和皇帝互为一体。比如你犯了错，你上司必定有两个选择：一个方法是大义灭亲把你牺牲掉，保全他自己；另一个方法就是，与你绑在一起，共同来扛。除非你犯的错误足够大，大到上司如果保你，他自己也得完蛋，否则恭喜你，一般而言上司都会选择第二个方案，也就是和你一块扛，以保全他自己的名声，捍卫他的形象和在大多数人面前的权威。

我的客户凯罗投资公司是一家由华人设立的投资机构，它曾经在洛杉矶的一次股权投资中犯下了致命的错误，使公司损失了上百万美元，但负责此次运作的市场主管不但没有受到任何处罚，反而顺利地升任公司的财务总监，把曾经激烈地反对此次投资的原财务总监给挤走了。

为什么出现了如此奇妙的结局？因为这次投资决策是老板和他共同做出的。表面是他自己的建议，背后却有老板在支持。所以，当错误的投资后果显现出来以后，面对原财务总监的指责，脸上无光的老板第一选择就是把这个反对者拿掉。老板保护自己的颜面，为了体现自己决策的正确，肯定不会处分这个负责具体运作的下属，反而还要奖励和提升他。

因此，安全的定义就是：你必须让上司和你犯的错误发生关系，并结为事实上的同盟。这很难做到，但不代表没有人可以做到。

在中国历史上，赵高和胡亥，秦桧和宋高宗，严嵩和嘉靖，和珅和乾隆，都是这种"绝妙"的组合。皇帝并非不清楚他们的所作所为，但由于他们巧妙地将责任与自己背靠的大树（皇帝）绑在了一起，因此在相当长的一段时期内保得了自己的平安。这条生存法则同时也充满了黑色幽默：只做好事的人，常常一流放就是三千里，那些犯下很多错误或者做了坏事的人，有时却可以登堂入室，成为公司和社会中的大红人。

原因很简单，前者只想把好事记在自己身上，后者却成功地做到了将坏事留给自己，把好事记到领导的头上，双方站在了同一个阵营里，自然也就一起成为了赢家。

第四章

CHAPTER
FOUR

你是合格的演员吗?

∽ 可以有性格，但不能有个性

无数的事实证明，个性高调的人在哪儿都是活不下去的，哪怕你在事实上是无比正确的，也会不停地遭人排挤；而那些看似平庸低调的人，就算整天做错事、做坏事，他们也总能平安无事。

在社会中有一个非常奇特的规律：人的个性与他的办事能力成正比。一个人的办事能力越强，他的个性也就越强；一个人的办事能力越差，他往往就越没有个性。但是个性越强的，能力越强的，锋芒越露的，实际的职位就会越低，前景也非常不妙。听起来不合理，也不正确，但这就是职场的现实，每个人都要面对，并且要适时调整自己。

江南名士庞统在孙权那里碰了一鼻子灰，屁颠屁颠地前来投奔刘皇叔，皇叔一见他猥琐的模样，心中就先有三分不悦。而庞统见了刘备，也不拿出鲁肃和孔明的介绍信,对皇叔只是作揖,拜都不拜,十分的傲慢无礼,老刘心里就更对丑汉子心存厌恶了。

但庞统这么大大有名的人,也不能让他空手而归。于是老刘给了他一个县宰的芝麻小吏。他到了县衙,对政务正眼都不看一眼,天天饮酒作乐,因而有人跑到刘备那儿去告密,说庞统那厮不务正业,整天沉溺在醉乡里。刘备听了大怒,让张飞和孙乾前去办他。

两人来到县衙,庞统还醉醺醺的,衣衫不整地出来迎接,张飞见状大发雷霆,斥道:"俺哥哥给你官做,你居然在这儿寻欢作乐,政事被荒废成这样子!"庞统道:"将军,这算什么事啊?你看我的。"随即命人升堂理事,不到半日,将积压了百余日的公案都处理完毕,而且曲直分明,毫无半点差错。这一下子让刘备等人对他刮目相看。

庞统值得庆幸的是,他遇到了心胸比较宽广的刘备,若是投奔了一个心胸狭隘的主子,管你有没有才呢,早就推出去午门斩首了。祢衡、孔融之流,哪个不是才华盖世,但是哪一个不是脑袋搬家了?个性和才华不是护身符,有时还会害了自己的性命。

鄙视上司是职场的一大忌讳。有些人的能力越强,就越是恃才傲物,自以为天下莫出于己之右者,不把领导放在眼里,甚至还拿上司调侃说事。这种人,活着一定经常挨整,死了也是一个活该!

所以说,身在社会不可有太多的个性,本来你就有本事,有才干,人们正妒忌你、想要整你呢,你还不知收敛,大肆张扬,那不更衬托出人家不如你嘛!古代有多少放荡不羁、蔑视权贵的才子能臣不就是因为锋芒太露被干掉了!

在这个世界混，必须懂一点中庸哲学

知道中庸的本质是什么吗？中庸就是可以有性格，但不能有个性；可以很牛，但绝对不能高调；可以很强，但万不可表现得比别人更强，盖过他人的风头，尤其是抢上司的光环。这就是个性定律，我们可以看看历史，有个性的官员通常都没有什么好下场。为什么呢？因为个性总使得他们与上司对着干，有哪个领导会喜欢这样的下属呢？

一个懂得中庸生存法则的人，他宁可平庸，也不出头，更不会高调。他们在职场之路上亦步亦趋，城府很深。不该表现自己的时候，他一定像乌龟趴在山洞里，像石头藏在草丛里，锋芒藏在肚子里。他们在社会上，也是一个聪明人，擅长隐藏自己的性格，就像一条小溪一样，柔和地流过。前面有阻碍？没关系，我就拐个弯。哪儿低，就朝哪儿流。

这具体表现在：

第一，他从不会挑上司的毛病，在日常行为和自己的工作表现中，他对自己的上级没有任何威胁，头上绝不带刺，做一个忠实的仆人。不管心里怎么想，至少他表面的言行是无可挑剔的。这让上司极其重视他，因为使用这样的下属，对自己没有危险，做事的时候执行力也强，让干什么就干什么，不顶嘴，不找事，好打发，谁都想有这样的下属。所以，这样做人做事，就是安全的。

那些充满了个性、自命不凡的人，往往太坚持原则，对于上司的错误不能容忍，敢于指正和揭发，没几个上司会放心使用他们，因为这样的下属很容易得罪他人，引起祸端，让自己吃不了兜着走。

比如那个从小让梨的大才子孔融，还是孔子的后代。这家伙在曹

操手下当小弟,却屡次三番地跟主子闹别扭。当初官渡之战,曹操将袁绍一举歼灭以后,曹操的儿子曹丕看上了袁绍之子袁熙的媳妇甄氏,即后来的文昭皇后。孔融就给曹操写了封信,里面说:"武王伐纣,以妲己赐周公。"曹操对他拐弯抹角的暗讽茫然不解:什么乱七八糟的啊,哪本书上说武王把妲己赐给周公了?后来才顿悟过来:好啊,原来你是在消遣我呢!

后来曹操又去征讨乌桓,孔融又跑过来嘲讽说:"大将军远征,萧条海外。昔肃慎不贡楛矢,丁零盗苏武牛羊,可并案也。"这是公然干涉和蔑视曹操的军事行动,曹操自然对他怀恨在心了,就想找机会收拾掉这个不知时务的狂人。

有一年,庄稼收成不好,而且还战祸不断,曹操准备颁行禁酒令,免得浪费粮食。大凡文人才子,都爱喝点酒。所以孔融一听到曹操要禁酒,立刻坐不住了,屡次上书反对,书中多有侮辱轻慢之词。最后曹操忍无可忍,发布命令将他处死了。

孔融就是犯了挑上司毛病的错误,结果导致自己一命呜呼。对上司不服从,坚持己见,对领导表现出轻慢、挑衅的态度,不管是在职场还是为人处世,这都是人际关系的一大致命的忌讳。没有哪个领导喜欢跟自己对着干的下属,也没有哪个领导希望自己让下属牵着鼻子走。

第二,有罪自己承担,有功推给领导,做领导最信任的一把伞,挡风遮雨,还能帮领导制造政绩。你说,哪个上司不喜欢这样的下属?哪怕他一点能力没有,上司也会给他机会锻炼。因为他会为自己创造业绩、抹平错误，这在领导眼中就是能力、就是优点。如此一来，他爬升的机会就增多了。

在这一点上，唐朝名相房玄龄就做得很到位。李世民还在做藩王的时候，他就尽心竭力地为主公出谋划策，竭力辅佐李世民登上大位，秦王每次带兵平乱以后，手下将兵都到处搜求各种财宝，唯独他不为财货所动，而且将一些精英人物收到李世民的帐下，对他们厚加礼遇，因此谋臣猛将无不为李世民尽忠死力。

李建成知道房玄龄是个百年难遇的奇谋智士，因此想拉拢他为自己做事，但他断然拒绝建成的盛情邀请，只是一心效忠于自己的主子。李建成知道这种不世出的奇才若不能为己所用，将来必定给自己带来极大的麻烦，因此在老爹高祖面前诋毁他，将他流放驱逐到了外地。

房玄龄虽然遭到驱逐，但一时仕途的失意仍然没有改变他的坚定立场，他与李世民的另一些谋士成功秘密筹划了"玄武门之变"，使李世民最终登上了皇位，而他也成为后世宰相的楷模，得以名垂史册。

他的成功之处就在于，任劳任怨，甘当李世民的不死小强，忠心耿耿，死而后已。李世民可以讨厌他，但不能不信任他。这种人，一片忠心，到了最高境界。你很难说他的完美是装出来的，因为你完全看不到他有伪装的痕迹。

第三，"低调做人，高调做事。"这是这一类的职场人士统一的特点，他们可能不会做事，但是很会做人。能力不足，却让你信任，让你全身舒坦。因为他的嘴巴很紧，不会泄密，有事全装在肚子里，即使听到不该听的，也能装聋作哑，替上司保守秘密。

低调做人和高调做事永远不会错

朱元璋少年时代在皇觉寺的好友云奇，在朱发达以后来投奔他，朱元璋就让其在身边做了一个管家，给他一碗饭吃。

见识丰富、经历过无数挫折的云奇就深谙这一点，知道如何在凶险的深宫保全自己。凡是朱元璋吩咐的事，他一概严守秘密，旁人一问三不知，就是不说，连马皇后和郭宁妃找他打听朱元璋在做什么，他也装得像一个不折不扣的傻子，好像一块没有生命力的石头。石头的特点就是听不见、看不着，稳重可靠，作用广泛，永远值得信任。

对于这样的下属，朱元璋当然打心底喜爱了，给他很大的权力，在朱元璋疑神疑鬼大开杀戒的晚年，大量的功臣被屠杀，离他近的云奇最后却得到了一个善终，没成为朱元璋疑神疑鬼的刀下鬼。可以说，正是"忠心为仆，严守秘密"这一点，保住了他的命。

而当时有一个太监的命运就大不一样了，和云奇形成了鲜明的对比。他很想在那些朝廷的权贵们面前突出自己的才干，就拿宫里的事情卖给外官，希望得到重视，发一点小财。结果让朱元璋发现了，落了一个死无葬身之地的下场。

聪明的人，他会明白，自己身负的才华可以使他功成名就，但也可能使他身败名裂，招致杀身之祸。因此他会很好地掩饰，深谙玉韫珠藏的道理。

低调做人，强调的是你的人品素养；高调做事，强调的是你的工作能力。一个人若想在仕途上走得顺利，两者缺一不可。一个人即使做人很低调，但是没有工作能力，那只能说明他是个庸碌之辈；而他若是具备了工作能力，但做人太张扬，则不免被上司和同僚当作是众矢之的。因为你能力出众，会威胁到上司的地位，也会引起同僚们的嫉妒。

云门三唱有三种境界：涵盖乾坤、截断众流、随波追浪。中国历史上的那些大才子们做到第一种境界和第二种境界的很多，却很少有人能看破"随波追浪"的最高境界。

所谓"随波追浪"，就是说随波逐流，自己心里对事物的了解跟明镜似的，但是外表表现得浑浑噩噩，什么事都随大流，这样可以不惹人注目。就像是一块晶莹剔透的美玉，虽然被丢弃在泥淖之中，但依然不改其纯美无瑕的本性。

世界容不下太多"个性"，你需要圆滑做事

性格和个性，人们经常混为一谈，其实两者之间有着很大的区别。性格是一个人本身的秉性，他是好人还是坏人，有激情还是更理性，这些都是非常正常的。也就是说，你可以是好人，好得惊天地泣鬼神，前无古人后无来者，也可以是坏人，哪怕坏得流水，阴暗得像下水道的老鼠，都没有关系，职场上都会有你的立足之地。但是，千万注意表露这些内在的时机，当你用不同的方式把自己的性格表现出来时，就体现出你做人和做事的个性了。

有些人很大嘴,什么都敢说,一点不顾及旁人的感受。不但敢说,说出来的话还带刺,特别伤人。这种人虽然能胜任很重要的职务,上级也会考虑你——作为一种利用的工具,总能派上用场,但因为职场是一个酱坛子,大家必须是一样的。"木秀于林,风必摧之。"谁选择不恰当的时机露头,非要风光一场,谁就可能成为大部分人的公敌。

历史上著名的改革家,无论是秦代的卫鞅、宋代的司马光、明代的张居正,他们都是几千年来难得一见的很有个性的牛人代表,有能力,也有魅力,敢于除旧布新,铲除弊政,不流于众,也不向大多数同僚低头。当有一个欣赏他们的强力君主支持时,他们可以放手实施自己的改革计划,取得很大的成效,但当靠山不再时,形势顿时就会逆转,失去皇帝支持的他们,下场都比较惨。

在秦孝公死后,旧的贵族集团疯狂反扑,诬卫鞅谋反,把他车裂。司马光和张居正也都在自己死后,遭遇到了当时的朝野如潮的舆论批判,等于被踩在了脚下,被全面的否定。

晋朝的阮籍算是个性十足的人,可谓是"胸怀大志,腹有良谋",曾在广登城上发出"时无英雄,使竖子成名"的慨叹,想想看,能说出这种话来的人,才华自然不同凡响。可是这个人恣意洒脱的个性也注定了他仕途的失意。他想做一番事业,的确是很难的,因为他的个性使他太容易得罪人,让人不爽。晋文帝司马昭想要为自己的儿子找媳妇儿而希望和他成为亲家,结果他倒好,饮了两个月的酒,大醉六十日,装傻充愣,被他蒙混过去了。

婚事是成不了了,但司马昭肯定是对他有看法的。皇帝都低三下四地想跟你做亲家，这在外人看来是件多么荣宠的事啊，多少人梦寐以求都想跟皇帝攀上一点亲戚，可阮籍居然还不给人家面子，给顶头上司一个下不来台，这样的人怎么能够走得顺利呢！

像他们这样具有伟大个性的人物，都难逃别人的算计和诋毁，更别说我们芸芸众生了。在职场，棱角磨不平，就混不久；在职场，出头鸟一定会挨枪打。要想如鱼得水，游刃有余，你就得有性格，但同时要去除个性，将自己蜷缩成一种"外圆内方"的形状。

∽ "瞧，那个呕心沥血的家伙！"

上司下班还没有走，那么下属就不能理直气壮地走。上司不在时，你加班就等于没有加班。

加班是一门很大的学问。"月亮走我也走"，上司就是月亮，月亮不走你别走。在领导面前，下属的表演功夫更得经受得住考验，因为领导只相信自己的眼睛。这就告诉我们，能干可以，但你必须让领导看见。

也就是说，你必须在领导眼皮底下加班，让领导看着你加班，你才有功劳，才敬业，否则就等于没加班。他实在没看见，你也要想办法让他知道你加班了。

至于加班的效率，其实是可以无视的，重要的是你在领导的眼中留下了什么印象。说到这里，此条职场经验对于今天的我们来说，仍然是非常适用和重要的。

在某公司，新来的小李聪明伶俐，经常加班到晚上 10 点，对工作非常投入。而且经过观察，同事们还发现了他加班有一个规律，领导在的时候，他肯定留下来加班；领导若走得早，他也走得早，他就像领导的影子一样。

有一次，同事小苏和他一起加班，这天领导不到 5 点就走了。大概晚上 9 点多时，小李特意给领导打电话，很认真地请教问题，说自己正在单位苦思解决的办法，想了半天也没辙，只好请领导给指点迷津。领导虽然很烦，但还是耐心向他提示了解决的方法。挂断电话，小苏不解地说："这事很简单啊，查查工具书就能找到解决方法，何必问领导呢，我都可以帮你。"小李得意地说："是啊，这么简单的问题我如果不能解决，还出来混干吗。我给领导打电话，不过是让他知道，我在单位加班呢，他可以放心在家看电视、在外面喝酒，工作的事有我顶着！"

小苏歪歪嘴，没吭声，心里很瞧不起他。第二天，领导到了单位，在会议上公开表扬了小李，说他自从来到本单位，是工作最努力、最辛苦也是最有成效的一位职员，让单位的其他员工都向他学习。小苏这才缓过神来，明白了小李的"良苦用心"。鄙视也罢，瞧不起也罢，总之，不久小李就升职了，加班比小李还多的小苏却没什么机会，领导也很少夸奖他。

小李知道领导是需要讨好的，加班也是讨好的绝佳方式之一。但前提是，你必须让他看到自己加班，而不是闷头干活，不知在上司跟前表现。所以，有些人就只有苦劳，没有功劳，累个半死，却一点效果没有，不如那些只会耍滑头的人得宠。比如小苏，来得时间再长又有什么用呢？领导看不到他的努力，也不知道他很努力，反而比不上小李混得如鱼得水。

加班的技巧

第一，加班要让领导看见，陪着领导加班，就是最好的表现。因为人都有一种寻求患难与共的心理，一般领导加班也是不情愿的，谁不想下班休息啊！此时如果他看到一名员工也在陪着自己奋战，可想而知他对你的印象会有多好！他对你简直会有一种油然而生的亲切感！

第二，加班也需要一定的效率。并不是我们坐在办公室，对着电脑头晕眼花地看一晚上，再让领导看到，就是一次成功的加班了。你必须有真正的事情可做，具体说来就是得让领导知道你在做什么事，做出了什么成果。

比如小李，他适当地向领导请教问题，就是在告诉领导他在做什么。即便领导很烦，但他至少体会到你不是在故意耗时间，而是对他有诚心，对工作在尽心尽力，不是在这儿装加班、混时间。另外，也会让领导体验到一种高高在上的满足感，他觉得你需要他的指点，你在唯他马首是瞻。要知道，人都是有虚荣心的，领导当然也不例外。

时间长了，如果你再做出一定的成果，他肯定就会给你晋升的机会了。

大多数人都在做没用的事，你和他们相反就行了

世人皆知，所谓的一流政治家，他甚至可以许诺，在没有河的地方建桥。那些看起来积极工作的人，每天忙的都是没有什么作用的事情。

政客是靠嘴巴生存的，这是全世界都知道的秘密。美国人一到大选年，各路政客就开始了精彩的表演，向选民许诺无数看起来很美的计划，但当他真的坐到了那个位置上，就好像得了失忆症，以前说过什么全都忘了。因此有人讽刺地说："一个政客在当选前可以解决一切问题，但仅限于当选前。"

其实普通人又何尝不是如此呢！在这个世界上，总是忙着去做一些没用的事情，这也是大多数人正在做的。他们知道，干实事的人虽然很受老上司欢迎，但很难打动上司。而且干实事往往见效慢，弄不好还要担责任，落不到好下场。

所以，基于此，大多数投机者就开始务虚不务实了，耍嘴皮子功夫。吹得天花乱坠，纸上谈兵，可惜全是美妙无比的话，落不到实处。

这里体现的就是两个方面：

第一，为了得到重用或某个位置，什么承诺都敢许下。像在选举社会，每一位政客为了当选，都要迎合选民，所以嘴巴的功夫是不能差的，每个人都胜过脱口秀女王。很多时候，还不得不开出空头支票，否则你吹得泡沫不够大，竞争对手比你的许诺更诱人、更动听，你就很难当选了。

第二，总是喜欢作秀，不管多假都要做到底。比如江苏一个贫困县，竟然拨款 350 万建"山寨版世博中国馆"。还大义凛然地说：中央没有禁止的，都是可以做的；这个雕塑是应群众要求建设的，目的是弘扬世博文化精神，展示我们这地方的新形象。

还有些地方，前阵子搞过山寨鸟巢，似乎不闹点动静，上司就不会注意自己，领导就不会提拔自己，完全不顾及当地百姓的声音，不倾听他们真实的需求。

其实早在两千多年前，这条规则就已经在起作用了。古人玩起表演来，一点不比今人逊色，而且玩得还很有境界。

汉武帝的宠臣东方朔，跑到朝廷求职的时候，为了吸引皇帝的注意，就曾在嘴皮子上下过功夫，务了一把虚。他在呈给皇帝的文章中疯狂地赞美自己，说自己是全天下头一号的美男子，帅呆了，像自己这样的人才，不为皇帝效力，那简直就是不能容忍的。

全篇下来，没一句是讲述自己的治国之才的，从旁人的角度看，全是没用的废话屁话。但是汉武帝一看就乐了，觉得他很有特点，于是就给了他一个官做，后来还做到了很高的位置，成了武帝身边的一位名士。

有了这位老前辈做榜样，也就有了后世很多效仿者，务虚不务实的投机者就日益增多，他们却没有看到东方朔真正实干的地方，认为只要能引起上司的注意，就可以了。但是，"空谈误国"，只做表面工程，即使被关注，也只是负面的关注，不但没有造福于民，还会丢掉自己的前程。看来，有志于在职场出人头地的你，还是应该尽量与这条规则保持距离！

第五章

CHAPTER
FIVE

你的优势是什么？

价值比靠山更可靠

想活得好就一定要有靠山，有靠山肯定就有捷径，但比起靠山来，还是自己的价值更值得信赖。

通俗地说，一个人首先要让自己有被利用的价值，然后再去寻找一个能够认可他的价值的"靠山"。可被利用，愿意利用你的人才会找到你，你也才能够找到靠山，最终摆脱靠山。这就告诉我们：只有让自己有了价值，你才有了长期立足的基石。用一句俗话来说，就是"靠天靠地靠父母，不如靠自己"。

就像在办公室，你是上司的人，上司却不一定是你的人。其实，不但在职场，生活中方方面面都是这个道理，除了自己，谁也靠不住。一个人只有自己的本领能够依靠。

所以，任何时候都要让自己有能力，有价值，才能在社会上站稳脚跟。

靠山只能管一时，自己才能靠一世

号称中国历史上最大贪官的和珅，之所以能在大清朝的庙堂之上屹立几十年不倒，就是因为找了乾隆当靠山。

有皇帝撑腰，听起来很让人羡慕。的确，在乾隆宠幸他的时候，没人能够扳倒他，想跟他斗的，下场都不怎么样，不是死了，就是被罢官流放了。但是乾隆一死，嘉庆上台，他接着也完了，不但被赐死，而且全部财产都收归国库。

像和珅这种人，对国家有害无益，横行跋扈的唯一手段就是揣摩皇帝的心思，拍马屁，唯一会干的事就是把国家的钱装进自己的腰包。所以在嘉庆皇帝看来，这种人是一无是处的，一点价值没有，当然就不会留着他了。虽然自己的老爹曾经罩着他，但那个靠山已经死了，现在是自己的天下，所以对他一点也不手软。

再硬的后台和靠山，都只能管一时，把希望寄托在"背靠大树好乘凉"上的想法是愚蠢的。

把希望寄托在某个人身上，结局往往是这样的。当你的后台还靠得住时，自然要风得风、要雨有雨，但靠山一倒，你往往也是那个陪葬品。

因此，要想在社会上立足，你必须能体现出自己的价值，而且这种价值还不是每个人都有的，也就是说，你是不可替代的。

《新唐书·郭子仪传》里评价了郭子仪的一生："以身为天下安危者二十年，校中书令考二十四。八子七婿，皆贵显朝廷。诸孙数十，不能尽识，至问安，但颔之而已。富贵寿考，哀荣终始，人臣之道无缺焉。"8个儿子、7个女婿都飞黄腾达，孙儿辈的几十个，还认识不过来，给他老人家问安的时候，叫不出自己孙儿的名字来，只好点点头，算是认识了。用"富贵寿考"四个字形容他，真是恰到好处。

司马光也对他做出了极高的评价，说他"盖天下而主不疑，位极人臣而众不疾，穷奢极欲而人不非之"，这在中国历史上是极不寻见的。自古以来，功高则盖主，官位越高越招人嫉妒，越是奢侈无度，越能引来杀身之祸。然而郭子仪能富贵终身，权势熏天而无人敢扳倒他。

那是因为郭子仪对唐朝的中兴起到了至关重要的作用。安史之乱发生后，唐朝陷入风雨飘摇之中，郭子仪凭借出色的军事谋略指挥军队取得了一个又一个的胜利，最终战乱得以平定。之后不久，吐蕃进犯，将都城长安攻陷了，又是仰赖郭子仪超绝的军事才能，与回纥结盟，才将吐蕃驱逐出去，使长安得以光复。

可以毫不夸张地说，大唐帝国之所以能够挽回覆亡的厄运，他占了一半的功劳，这是他们李家的恩人哪！整个大唐王室，乃至当朝皇帝，谁敢得罪他。

民间有出京戏——《打金枝》，讲的是郭子仪的儿子郭暧和升平公主之间小吵小闹的事。有一次郭暧跟妻子升平公主吵嘴，郭暧对公主说了句："我爸爸是不愿做天子，才让你爸爸做的。"升平公主听了很气愤，回娘家向爸爸代宗诉说委屈，代宗并没有生气，反而宽解闺女道："你丈夫说得没有错啊，他爸爸要想当皇帝，哪里还轮得到你爸爸的份儿啊！"说完就劝她回家了。

郭子仪听说了这件事后，又惊又惧，连忙将儿子绑成个粽子，上朝请罪。代宗笑呵呵地道："俗话说不痴不聋，不做阿家翁。小两口吵吵闹闹是常有的事，不必挂在心上。你理这些干吗！"郭暧说出如此嚣张的话，唐代宗都能忍受，一方面表现出了大度，但是更重要的是，郭子仪手中握有刀枪长矛，有雄壮的军队，皇帝怎敢得罪他？除非他不想当这个皇帝了！

这就是说，只有当你表现出不同于常人的价值来，才能使领导对你重视，让他对你产生依赖，这样你的地位才可以稳固下来。职场中没有绝对的靠山，说不定哪一天，你身后的那座山就会突然倾塌，将你活活压死。因此你只能靠自己。

不管时代如何变化，一个人的基础价值和他的工作价值，都是他在社会或者职场立足的根本。能做事，是最大的法宝，即便因为没有靠山而暂时受到冷遇，也早晚会发光，因为他是真正的金子。至少，不会给自己带来无谓的麻烦和祸端。

安禄山一段时间备受唐玄宗宠信。在京任职的张洎与安禄山交好。

一次，张洎和诗人李白说了他和安禄山的关系，想将安作为自己的靠山。李白直言说："安禄山有谋反之心，恐怕你会被连累。万万不可靠，还是靠皇上吧！"

不久，安禄山反唐，张洎庆幸说："幸好我没有靠山！"

靠山是靠不住的，只有让自己有价值，才会不断地有山来让你靠。

∽ 永远不要比你的上司"出色"

> 记住，千万不要把你的才华全部暴露出来，这样，上司非但不会因为有一个能干的下属而高兴，反而会有一种不安全感。他为了不让你威胁他的位置，很可能会把你这只"出头鸟"变成"断头鸟"。

古时的大臣常在皇帝面前装傻，故意装作不懂，看不出某些问题，把表现的机会留给皇帝。他们是真傻吗？当然不是。相反，他们精着呢，因为大臣们知道，树大招风，好出风头的人一定会被打压；木秀于林风必摧之，露头的鸟一定是猎人的目标。只有让上司舒心，自己才能放心；让上司担心，那自己只能烦心，甚至会被干掉。

这就是展示价值的另一方面：任何时候，都不要比你的上司出色。如果他对你失去了安全感，觉得你是个威胁，那么为了保住他自己的位置，他一定会找机会让你这只出头鸟断头折翅的。

三国时的杨修是个很著名的历史人物，这人的才华就不用说了，出身还极高贵。杨氏家族是汉代的名门，祖先杨喜，在汉高祖时代立过功，封赤泉侯。高祖杨震、曾祖杨秉、祖杨赐、父杨彪四世历任司空、司徒、太尉三公之位，与东汉末年的袁氏世家并驾齐驱，可谓声名显赫。到了杨修这一代，混得差一点，但他有才，出口成章，聪明无比，所以虽然他只是曹操门下的一名知识分子，但骄傲得不得了。

有一次曹操建造花园，开工前，工匠们请曹操看一下设计图纸。曹操抬眼一瞧，什么都没说，只在园门的位置写了一个"活"字。工匠们哪里懂这是什么意思，就去问杨修。杨修嘿嘿一笑，说："丞相嫌你们把园门设计得太多了，门里一个活字，不就是阔嘛！"工匠一听对啊，就按杨修的提示改了方案。曹操看了非常高兴，便问工匠怎么知道自己心意的。工匠们老老实实地说："哎呀，这多亏了杨主簿的指点。"

曹操嘴上称赞杨修，心里却已经很不爽了。后来曹操去打汉中，老是吃败仗，想继续打，难度大，想退兵，又怕丢脸，心中犹豫不决。恰好厨师端进来鸡汤，曹操看着碗中的鸡肋，沉思不语。这时有人入帐禀请夜间口令，曹操随口答道："鸡肋！"这事又传到杨修的耳朵里。杨修马上让随行军士收拾行装，准备回家。士兵们就问："你是怎么知道魏王要退兵的？"

杨修说了一段历史上很经典的话："从今夜口令，便知魏王退兵之心已决。鸡肋者，食之无味，弃之可惜。今进不能胜，退恐人笑，在此无益，不如早归。魏王班师就在这几日，故早准备行装，以免临行慌乱。"

杨修把曹操的心思猜得很透，但是可惜，他表现错了时机，千不该万不该在这种时候出头。曹操听到杨修猜到自己的心事，立刻以扰乱军心的罪名将他杀了，死时杨修年仅45岁。杨修的悲剧在于锋芒毕露，屡次在曹操面前卖弄自己的才华。本性多疑的曹操，多次被触犯，最终大光其火，找了个好机会，把他脑袋砍了。

在领导面前，你要一直让他有舒适的优越感。既不要表现得太笨——太笨了丢领导的脸，扫领导的兴，但也绝不可太聪明——太聪明了抢领导的风头，显不出他来，他更讨厌你。因为你把自己的才华全部暴露出来，看起来是在为工作着想，但往往会带来相反的结果，他们会觉得丢面、恐惧和不安全。

只有让你的上司显得更聪明一点，而且总是比你高那么一个台阶，既不太多，也不太少，那样你才会得到更多的东西。

这种情况比比皆是。初入职场，很多人初生牛犊不怕虎，加上自己年轻聪明、能言善辩，所以，总想在众人之中脱颖而出。因为有雄心勃勃的事业心，所以，工作起来似乎永不疲倦，在讨论问题的时候，更是激扬陈词。可是，最后发现自己所有的努力都遭到顶头上司的阻挠、破坏和打击。

很多人都碰到过或正遇到这种情况，那是因为你的顶头上司觉得你的表现对他的位置构成了威胁，于是就找你别扭，想办法对付你。如果这时你再强出头，那就要有一场"大战"，不是你死就是他亡，总之一山不容二虎，领导不会容忍你的风头比他大。

因此，职场上的出头鸟是万万做不得的。一旦被上司认定你是"应该用枪打的出头鸟"，能躲过一劫的人，恐怕不过千分之几。世上没几个杜拉拉，她的运气更像是编剧给的，而不是生活中的真实状况。在上司面前卖力表现，可以，但是，绝对不要让他觉得，你比他强多了！这就是为什么总有人高喊自己"怀才不遇"，因为大多数的上司其实都嫉贤妒能，谁愿意给下属做铺路石和垫脚石呢？这样的好上司可遇而不可求。

∽ "他经常挨骂，可又升职了！"

> 卖衣服的人都知道，挑衣服的人才是真正的顾客；社会和职场当然也是如此，真心"骂你"的人才是朋友。越是被骂，越表示上司对你看重。而骂得越多，指点得也就越多，自然提升也就越快了。

和珅整天被乾隆骂，这事办得不行，那事办得一塌糊涂，今天挨训，明天又挨踢一脚，但是和珅却官运亨通，青云直上，权倾天下。

直到乾隆死了，他不挨骂了，可是好日子结束了。继任的皇帝嘉庆对他客客气气，一句也没骂过他，但是很快就把和珅杀了。相反的是，刘墉那样的大臣是很少挨皇帝骂的，却很难升迁，最风光的时候也难以达到皇帝宠臣的地步。这种现象很奇妙，但自有它的道理。

挨骂说明你受关注

上司喜欢你，才会希望你事事都做得好，一旦不如意，就得训你几句。这跟买衣服是一个理儿，看几眼就走，不说好也不说坏的，肯定不会掏钱买，反而拿着衣服挑来挑去说"这里有毛病，那儿不合适……"的顾客，才是那个会掏钱的消费者。在职场上，上司对待下属，也有这种心态。他们恨其不成器，怒其不争，才会怒火冲天地把一名下属训个劈头盖脸。如果对他一点兴趣都没有，甚至打算开除这名下

125

属，他才不会浪费口水惹一肚子气呢！

某公司一个姓赵的部门主管，经常让领导骂，不定什么时候就被叫过去，这时员工们就听见里面地动山摇，领导的声音像打雷一样，大家都担心赵主管能否挺得住。有些人就说："唉，前途堪忧啊，领导明显不喜欢他呀！你看，恨不得活剥了他呢！"可是没多久，奇怪的事情发生了，赵主管竟被破格提拔，升了一级，而且有望被更上一级的领导升为公司的总监级人物。

大家想不明白，为什么一个总是做"错事"的人会升职呢？其实他们应该想到的是，为什么赵主管能够得到这么多"做错事"的机会呢？

在职场上，挨骂的都是些勤劳能干的人，也都是锻炼机会多的人，通常也都是领导的"自己人"。那些懒包蛋无事可做，十天半月见不到领导的面，当然也就没有挨骂的机会。那些不是领导自己人的人，得不到重用，常处于被冷冻闲置的状态，更是很少挨骂了。可是，他们的前途也是为零的。

所以挨骂就具备了以下两种很典型的好处：

1. 被下面骂，说明他替上面顶了雷，背了黑锅，有付出肯定有回报，好事！

2. 被上面骂，说明上面重视他，否则根本不会理他，自然也不会骂他了，又是好事！

挨骂说明你能干

越是善于使用自己手脚的人，就越不喜欢别人对他指手画脚。而越是这样的人，平时就越容易挨骂，挨上司的骂。但正因为此，才证明了他的价值，说明他的确是一个能干大事的人。

那些庸才、坏才，平时不受领导的喜欢和重视，领导甚至几个月都想不起这个人来，连他的名字都记不住，那他想挨骂也没有机会。试想一下，这样的人能在社会上混出个模样来吗？

显然，他们注定都是社会最底层的人，默默无闻地打一辈子酱油，看不到有什么晋升的机遇，因为他们没什么本事，就连让上司骂自己几句的能耐都没有。

多做事，就是你的优势

只有两种人不挨骂：一种是最大的领导，最顶头的上司，或者老板之类的人物；另一种，就是那些绕着事情走的庸人和笨人。

有些人在工作的时候整天拣好做的事情做，挑简单的工作去处理，一点错误不犯，可是从没做过回报率高的事业。看起来不犯错、不挨骂，但在领导的眼里，这样的人，他的价值就是零，满大街都是，也就不值得骂，因为根本不值得关注。

如果你没挨过上司的一句训，每个领导见了你，都是礼貌性的一笑，连话都不说一句，那你就得尽快反思了："为什么我不挨骂？为什么我得不到锻炼的机会？为什么领导不重视我呢？"

施奈德是佐治亚州一家公司的员工，他在该公司已工作6年，是市场部工龄最长的职员，但从没得到过升职机会。

现在，他昔日的后辈已经成为自己的上司，而他还坐着最底层的椅子，领着部门最低的薪水。

"我从没犯过一次错误，也没挨过老板的训斥，但我为什么不能涨薪，不能升职？"这是他的疑惑。

当我们翻看他的工作日记时，却发现他几乎从来没有做过一次富有挑战性的工作。也就是说他在公司奉行着"多一事不如少一事"的行事准则："如果这件事可能给我带来麻烦，那我还是不要做好了。"施奈德总是这么想，于是他每天都中规中矩，只做好分内事，甚至分内事都本着跟从性的原则。

他既没有出众的资历和关系，又不能通过多做事来锻炼和表现自己，又怎么能让上司看到他的优势呢？所以施奈德尽管从不犯错，但在公司没有任何前途。

有些清净的职场人士，干了一辈子的小职员，可以很自豪地说他没犯过一次错误，上司挑不出他的毛病。但与此同时你可以看到，他这一生几乎没怎么升职。

有的人一辈子都只能做个"七品县令"，名声很好，可就是得不到提拔，原因就在这里。挨骂的不一定是英才，但一定是受领导喜欢的人。领导常让他办事，尤其总让他为自己办些私事，免不了就得斥两句。这跟自家孩子一样，说训就训，可别人家的孩子，距离就远了，你会动不动就开口训斥吗？

所以，挨骂的都是家人，不挨骂的只是路人。在职场，这可是不同利益阵营的区分。

因此，我们就能看到一个事实，多做多出错，不做就不错。凡是能干者，领导自然就会交他去办更重要的事。而无论是多么能干的人，事情做得多了，难免就有出错的时候。领导本就因为信任你，而让你去做，所以一旦出错，挨骂是必然。这是一个原因。另一个是，亲近者常挨骂，疏远者不挨骂。领导把你当作他身边的人，视你为心腹，什么事都让你干，但心情不好的时候，他也会在你身上发泄，挑七拣八的，好像看你什么地方都不顺眼。其实，他只是需要一个情绪的宣泄平台而已，骂得你头晕转向，事后他还会感激你。

领导信任的一些能干之人，也是挨骂的主要人群。领导因为信任你，对你深有寄望。而你因为一时失误，或者各种原因而辜负了领导的信任，那么你挨骂的时候就来了，而且这一场骂，将会是暴风骤雨。但如果你没有犯极其严重的错误，你的前途不会有什么影响，反而他会给你戴罪立功的机会。

而那些凡事做不来、凡事做不好的人，反而少有挨骂的机会。

一则，领导不会把重要的事情交由他们去做，这就减少了他们出错的机会，当然就更少了挨骂的几率。

二则，领导本来就对他们没有期望，或者说心底早已放弃了对这些人的要求，他就更没有骂他们的理由了。

你看，如果有一天领导不再理你，骂你的心情都没了，那你离走人、被淘汰也就不远了。

所以，当领导嗷嗷叫着对你开炮，什么难听的话都朝你的头上甩时，千万别伤心欲绝，你应该窃喜才对，因为这总比领导对你冷若冰霜，跟你没一句话可讲要好。只要你能把握住这些"挨骂"的机会，好好利用这个职场规则，是不愁没有表现机会的。

请学会用左手剪指甲，因为右手未必一直管用

狡兔三窟才能免死。生存在这个世界，面对莫测的局面和多变的事态，我们除了做第一手的准备，还要有第二套和第三套的方案，以备不时之需，只有这样，才能坐稳和攀高。

这一条规则，不仅适用于职场，也适用于生活的各个领域和层面。没有人可以凭借一招鲜吃遍天，因为谁也无法保证这一招永久有效。就像剪指甲，多数人都是用右手，但我们的右手未必永远管用，所以学会用左手剪指甲，还是非常有必要的。

职场是个变幻莫测的争斗场、名利场，一个人只有做多手的准备，事事都为自己提供多套选择方案，才能可进可退、游刃有余。狡兔有三窟，职场中人则要东南西北四个方向都有退路。

无路可走的人都因为他的自信

诸葛亮挥泪斩马谡的故事我们都知道，马谡之所以最后落了一个人头落地的下场，就是因为他太自信，对自己的要求是只能进、不能退，不但立下军令状去守街亭，一点余地没给自己留，去了之后，在战术选择上也犯下了致命的失误，将营寨安于山丘之上，只给了蜀军一种选择，那就是只能率先发现魏军，然后冲下来杀敌，一旦被魏军围住山头，蜀军就只能坐以待毙了。

果然，形势比人强，当战情出乎马谡事先的预料时，他再想调整，已经为时晚矣。蜀军大败，马谡失了街亭，回去就让诸葛亮杀了。本来，丢掉一个据点，也不至于是死罪，但那张军令状，可以说是马谡缺乏智慧的另一个表现。若不立军令状，还有戴罪立功的可能，军令状一立，上面写得明明白白，兵败就甘愿献上脑袋。好吧，诸葛亮想不杀你都不可能！

人若太自信，就容易独断专行，而且不给自己留备选方案，因为他相信自己那份唯一的计划一定会成功，绝不会失败。无论战场还是职场，悲剧就是这么酿成的。所以才有句俗话说："我不是输给了对手，而是输给了自己。"没错，兔子有三个窝，它就可以逃脱猎狗的追逐；人若多几个备用方案、备选的后路，做起事来也就不致摔跟头或者撞得鼻青脸肿了。

战国时候的赵括自幼就熟读兵书，对各种兵法战阵都了如指掌，"以天下莫能当"。他曾经与他的父亲、赵国著名的军事家赵奢探讨兵法，他老子都说不过他，虽然辩论不过自己的儿子，但赵奢不认为儿子的军事才华就像他说得那么厉害。

赵括的母亲就问赵奢其中的原因，赵奢回答她说："在战场上，那是真刀真枪地拼杀，哪里像他说得那么轻松啊！唉，希望赵国不要用他担任将领才好，万一任用他统率赵国军队，那后果就不堪设想了。"

后来赵王果然任用赵括代替廉颇，统领赵国45万人马与秦国交战，结果被秦国将领武安君白起设下奇谋，假装败走，将赵军的粮道断绝了，又把赵国军队一分为二，使其首尾不得兼顾，赵军被困40余日，将士都困顿不堪，逐渐产生厌战情绪，赵括也在一次与秦军的正面交锋中，被秦军射死了。

最可悲的是，赵国45万大军也跟着他遭了殃，被白起坑杀了足足有40万人，再加上在战斗中牺牲的，最后被放还到赵国的，仅仅有240个人。

因此，要想将头上的官帽戴得稳一些，就不能太过自信，因为自信与自负常常是相应而生的。

自以为很有能力，但是真正碰上事情了，自己犯难不说，工作做不好，上司还会对你的能力产生怀疑和鄙视。

在职场中，就应该学会审度自己的实力，自信自己能做到的，当仁不让，绝不推辞；感觉自己能力不及的，就应该知难而退，不要大包大揽，否则事情办砸了，上司一个不高兴，就有你苦头吃了。

为自己准备第二和第三把武器，遇到问题时才有多种解决方案

在做事时，你永远不要拘泥于一个方案、一种原则，要随时准备备用思路，灵活选用，体现出自己多方面的价值。你对于自己某一方

面的才能，也不要太自信、太依赖，要有第二手甚至第三手。长枪耍得再好，也要在腰里别一把锋利的小匕首。

明朝的崇祯皇帝是亡国之君，坚守京城，被李自成攻破城门，最后吊死在故宫北面景山公园煤山上。历史是不可改变的事实，但我们反过来想，当时真的只有这么一种选择吗？

众所周知，明朝除了北京是正都，还有一个陪都南京，其有一套完整的行政体系，可以随时担负起正都的职责。

其实崇祯不该固执地选择坚守京城直到最后独身吊死，而是应该早做打算，在起义军围住北京之前，就退守南京，重整旗鼓，集合明军其余人马，再行反击。

而且，如果崇祯不死，关外的吴三桂也不可能投降清军。可他只为自己准备了一种选择、一把武器，就是在北京决一死战，未给自己留下哪怕半条退路。结果他死了，大明朝也没有了退路。也因为他的死，吴三桂找到了投降清军的绝佳借口，带着十几万清兵杀进关来，打着"为崇祯皇帝报仇"的旗号，攻占了中原。

崇祯之死，其实就是典型的脑袋一根筋的下场。

开会也是如此，领导让我们坐到会议室，他要听的不仅是你的方案，而且要看你的想法是否跟他保持一致。所以这就要求我们拿着多套方案进会议室，先探领导口风，体会领导的想法，再拿出领导最喜欢的方案给他看。

有些脑子一根筋的官员，往往就在这上面犯错误，拿着"长枪"就进去了，去了才发现领导喜欢的是"短刀"，再临阵磨枪，已经晚了，被同事抢占了先机。

这种事一发生，领导喜欢的就是你的同事，而不是你了！

职场不仅仅是几间办公室、一群泡茶喝水的人，还是一个大的生态场，足以让你窥一孔而知全豹，从中洞明世事，参透人情。如果不懂得变化，不做几个应对的备份，就会临阵失机，让人抢了先、出了风头。

而且，我们就算为自己留退路，也不可能只备一条"华容道"。手中拿着屠龙刀，怀里穿着金丝甲，再扛一柄威力无比的霸王枪，能攻能守，进退有据，那才能从容不迫地应对各种突发情况。

第六章

CHAPTER
SIX

为什么你说了不算？

说服力到底是什么？

一个人的地位越高，越有威信，越受人敬重，他说话做事，就会越有说服力，也就越引起大家的重视。人们相信甚至臣服于他的正确性，反之亦然。用一句话说就是"人微言轻，人贵言重"。

有位美国心理学家做了一个实验，他把一位外校的德语教授请到学校，给心理学系的学生们讲课，说"这是从德国来的著名化学家"。然后，这位"化学家"装模作样地拿出一个装着蒸馏水的瓶子，说"这是他新发现的一种有气味的化学物质"，让学生们闻，谁闻到了就举手。结果呢，大多数学生都把手举了起来。

由于这位心理学家的语言暗示，在"权威"面前，多数学生选择了跟从和认同，即便一点气味没闻到，他们也认为"应该是有气味的，只是自己的鼻子有问题，暂时没有闻到"。而在另一堂课上，当介绍这瓶水的老师换成了一位"普通老师"时，就不再有学生举手了。即便有人闻到微弱的气味，也不相信面前这位普通人真的发现了一种新物质。

这就是权威效应。同样一句话、一件事，因为人的地位不同，而对大家产生的说服力度就不同。"人微言轻，人贵言重"，其中的差别就是人的地位导致威信的不同，使得他们说的话和做的事，具备截然不同的权威。

我想起前段时间的一件事，有位国内的财经作家朗先生到美国来玩，路过华盛顿，约好晚上我们一起吃饭。朗先生一身休闲的穿着赴约，打扮轻松随意，谁也看不出他是一位非常著名的财经作家，许多美国人也都读过他的书。

参加这次聚餐的大多不知道他是谁，只知道他是我的朋友。席间，我故意谈到了朗先生的一本已在美国发行的书，正好又有人读过，其对书中的一些观点十分敬佩，就向众人解读。这时，朗先生笑呵呵地说："其实书上的这条分析，不一定就这么准确，要看不同的经济体还有国内的政经结构，我想作者也是想做如是表达吧。"

朗先生一语而毕，众人却对他投以轻视和不以为然的目光。我想，大家一定在想：你是谁呀？竟敢否定著名财经专家的观点？但当我向人们介绍了朗先生的身份后，大家看他的眼神顿时变了，充满了佩服和敬仰。刚才还对他的观点进行否定的那位读者，此时又恭谨地向朗先生请教，希望他为自己指点迷津。

这就是权威的巨大力量，它的影响力不但可以逆转一些传统的思维方式，还能迅速地促使人们抛弃之前的观点，转而选择与之相反的想法，并认为这是理所当然的、不容怀疑的。

在职场，这种现象更是普遍存在，领导说的话就是真理，就是正确的。一件事可行不可行，同样的观点，从同事的嘴里和领导那里听到，人们的认同度是完全不一样的。所以，聪明的领导会利用"权威效应"去引导和改变下属的工作态度以及行为，这比命令的效果要更好。因此，一个优秀的领导，最重要的是自己的权威，其次才是驭人。在职场之中，权威的引导永远比强硬的命令有效。

〜 权威崇拜法则

> 人们普遍有一种"权威崇拜"的意识和习惯，觉得权威人物说的和做的就是正确的，服从他们会使自己具备安全感，增加不会出错的"保险系数"。

由于人们有"赞许心理"，即大多数人总认为权威人物的要求往往与社会规范是一致的，只要按照权威人物的要求去做，就会得到各方面的赞许和奖励。在这种心理的综合作用下，就诞生了无处不在的权威效应。

人们天生相信权威

《文心雕龙》的作者是生在南朝的刘勰。他的这部作品刚写出来时，根本无人问津。他去请当时的大文学家沈约审阅，沈约也不予理睬。后来他装扮成卖书人，将作品送给沈约。沈约在阅后对其评价极高，于是，《文心雕龙》就成为中国文学评论的经典名著了。

我知道，现在有很多人在出书，他们都喜欢找些名人写序，增加书的可信度，这就是利用了人们的这种心理。一位大权威推荐的书，大家就喜欢看，同时也就相信书里面的观点。如果是一个名不见经传的人去推荐，则被人们嗤之以鼻。相同内容的书，如果没有名人推荐，可能会在书店的角落待一辈子，但若能找到一位具备轰动效应的名人，写一个序或者对媒体说几句话，可能立马就会购者如云、疯狂地畅销了。

无独有偶，西晋的太康年间有位了不起的文学家——左思。这个人形貌丑陋，而且还口吃，他小的时候，学习书法、鼓琴，都学不会，曾经写过一篇《齐都赋》，花了一年才写完。后来他又想写个《三都赋》出来，于是四处搜查历史、地理、物产、风俗等方面的资料，遍访古迹。当时极负盛名的陆机到了洛阳，也有意写描写古都的赋，听说他也要写，就笑得不行，他给他的弟弟写信说："京城有个家伙狂妄自大，还想要写赋，我看等他写出来了，也只配用来盖酒坛子。"

左思构思了 10 年，这三篇"辞藻壮丽"的大赋才得以完结。可是赋写成了，没有得到世人的重视，人们对他写出来的赋根本不屑一顾。

幸亏左思这个人一直很自信，他觉得自己的作品不逊于大赋作家班超和张衡，就拿给当时的文学家皇甫谧看。皇甫谧看了以后很喜欢，亲自为他作序。后来陈留卫权又给他作《略解》，再到后来，司空张华看到了他的作品，赞叹道："班张之流也。使读之者尽而有余，久而更新。"就连之前嘲笑左思的陆机看了之后，都自叹弗如，觉得即使自己写出来也比不上人家的，因此辍笔了。

于是，全国掀起了一股"左思热潮"，大凡是豪富权贵之家，没有不读《三都赋》的，一时间洛阳纸贵，左思名利双收，也奠定了他在当时文坛的地位。

如果没有那么多名士的推荐和看重，《三都赋》就是无人问津的一堆废纸，左思也只是默默无闻之辈。这就可以看出"权威效应"的重要性了。

南方有一家代工企业，在经济不景气的时候，差点关闭，只能靠缩减人员苦苦支撑。这时，企业的一名小主管向老板建议说："现在沿海地区的各项成本都在增高，对公司的经营十分不利，不如趁机搬迁到内地，那边的政策较好，也正欢迎我们这样的企业内迁呢。"老板轻蔑地瞥他一眼，冷笑道："你懂什么！"

过了两个月，老板去参加一个经济论坛，在会上听一位著名的经济学者向在座的各位企业家提出了搬迁内地、寻求突破的建议。他听了以后，马上觉得这是一个好主意，仔细想来很有道理，于是回到公司，着手准备。其实，这不过是当初那位下属的观点的翻版。但是从一名学者的嘴里说出来，在他看来就成了金玉良言；而从下属的嘴里吐出来时，却被当成了一堆不值一文的粪石。

地位越高，人们就越容易对他盲从

所谓"人贵言重"，就是一个人的地位越高，他的话就越"重要"、越"正确"。权威效应告诉我们，迷信则轻信，而盲目必盲从。权威人物讲的话，在人们的盲目相信和遵从下，很容易就被树立为万世不变的真理。

所以在职场，就有了"拉大旗，作虎皮"的事情。人们经常用更高一级领导的指示来压人，以达到自己的目的。比如在某地，市领导在一次会议上提到要"为企业融资提供帮助"，只是普通的九个字，该市立马就出现了一股向企业放贷的热潮，市县银行的头头们闻风而动，以前按规定不该审批的贷款请求，也都审批过关了，争着讨好领导，却不去考虑和思考这是否符合国家规定。结果，该市的金融系统出现了大量的呆账坏账，很多贷款后期根本收不上来。

这就是盲从于领导指示的结果。领导的一句话，下面的人往往优先考虑的是"自己要尽快执行"，而不是去分析和判断这个权威的意见是否正确，是不是需要详尽客观的调查研究。

古代有很多的钦差大臣到了地方以后，都会受到地方官吏的百般伺候，临走之前，还得给他准备一笔不菲的金银，下面的官吏为什么要对钦差这么卑躬屈膝？因为钦差都是皇帝亲信之人啊，他们对地方官的满意程度，直接关乎地方官的仕途是一路高升，还是失意被贬。换言之，他们都觉得自己的小命捏在这个钦差大人的手中。

可以说，只要有权威存在，有权力存在，这个社会上就会有权威效应的发生。这也难怪为什么每个人都想成为权威，因为它的好处实在是太诱人了。随口一句话，就能被人当作宝供起来，谁又不想让自己变得"人贵言重"呢？这也是职场上人们为了争一个位子而打得不可开交的原因之一吧！

∽ 最后一个发言的人

最后发言的大多是掌握大局的，经过一番争论，领导就需要最后发言定乾坤。而且，最后发言的机会也是最好的，因为前面人的观点再好，也不能面面俱到，领导只要完善一下前面的观点，就可以体现出自己的优秀了。

每一个人都想成为会议上最后发言的人，因为那就是领导。但你知道说了最算的领导为什么总喜欢在会议的最后才发言吗？这里就涉及了关于发言与权威之间的关系：

最后发言的一定是拍板决定的人。前面的人讲得再多，也抵不上他在最后的一句。

出头鸟经常跳出来第一个发言

我们经常在影视剧中看到这样的情景，开会了，上司让大家畅所欲言，有个人马上蹦出来，慷慨激昂地讲了一番自己的观点，接着就遭到大家的反对。开会时，第一个发言通常有两种原因：

第一，他需要急切地表达观点和需求，说明这个会议对他很重要，时间不等人；

第二，这样的人往往都是出头鸟，抢着发言说明他不懂职场，跳出来替他人做嫁衣，帮别人验证某种观点到底受不受领导欢迎，如果领导满脸不悦，后面那些本来也持这种观点的人，恐怕就得悄悄调整了，而第一个出来碰枪口的人，就成了牺牲品。

一个人即便功劳再高，为上司工作再卖力，但如果他不会揣度上司的心意，也总是不被认可的。当上司征求意见的时候，他第一个跳出来反对，那么他就犯下了一个愚蠢的错误，可能他的意见很高明，思考得非常周全，但若跟上司心意已决的行动完全相左，那他的这个致命的错误就足够他喝上一壶的了。三国时候的荀彧，《三国志》中评价他是"王佐之才"。的确，他跟着曹操打江山，给曹操出了不少好主意，可谓是曹操帐下的第一智囊，曹操之所以能统领北方，多亏这位首席军师在幕后筹划策略，他制定的军事战略，几乎无往不利，而且他还为曹操招揽举荐了许多谋臣智士，被曹操称之为"吾之子房"。

可是后来他就犯下了一个愚蠢而致命的错误：建安十七年，曹操想要晋爵国公，加封九锡，这种对大臣最高规格的礼遇，对于志得意满的曹操来说，是梦寐以求的。曹操所有的谋士都赞成他的这个决定，唯独荀彧站出来反对，他认为"本兴义兵以匡朝宁国，秉忠贞之诚，守退让之实；君子爱人以德，不宜如此"。

他的见解其实很有道理，但是曹操早已决定要这么做了，他向群臣提出来，并不是在同他们商量，只不过是例行公事，走个形式罢了。没想到荀彧这么聪明的人，竟然看不出来，拂逆了曹操的心意。这当然要遭到曹操的忌恨了，没过多久，曹操就派人送给他一个食盒，他打开一看，空无一物，心中已然知晓主公的心意了，于是不得不服毒自尽。

有些人喜欢抢先发言，是因为他有事业心，想出风头，但这种风头是一定不会有好结果的。所以，在会议室，切忌当第一个开口的人，应该把发言的前三个机会都留给别人，自己静观其变，争取不鸣则已，一鸣惊人。

领导的发言有引导性，所以需要最后讲

开会就是观察谁说了算的场合，为什么你会发现最厉害的人都在最后才说话呢？从另一方面讲，正因为领导的发言往往具有引导性，所以他会选择在最后发言，避免让手下跟风，听不到他们的真心话，听不到更多角度的建议。因为领导一开口就是"金玉良言"，就代表着某种选择的倾向，是他个人喜好的一种体现，同时也是对一件事情的盖棺定论。

领导如果率先对问题表了态，对会议的讨论气氛就是一种最大的伤害。

康熙时期，以吴三桂为首的三藩势力越来越膨胀，吴三桂、尚可喜、耿精忠三个藩王拥兵自重，朝廷不仅每年给他们供给大量的粮饷，而

且对他们的控制也显得越来越力不从心。于是康熙帝提出"撤藩"的主张，吴三桂和耿精忠得知消息后，请求撤兵，试探朝廷的旨意。

于是康熙帝召开议政王大臣会议，听取意见。召开会议时，他一言不发，只是听任众大臣发表自己的看法。在诸大臣里，大学士索额图、图海等人不赞成撤藩计划；刑部尚书莫洛、户部尚书米思翰、兵部尚书明珠等人却支持撤藩。

康熙认真地听了这两方面的意见，但最终认为三藩久握重兵，长此下去，势必造成尾大不掉之势，如果不及时除掉这块毒疮，迟早会蔓延全身，非社稷之福。最后成功将三藩撤掉，去除了朝廷这一大隐患。

某单位内部会议上，作为负责领导的孙主任急于大干一场，大家还没介绍自己的想法，他就先把自己酝酿已久的思路酣畅淋漓地讲了一遍。结果，下属们在发言时，全都成了跟屁虫，对主任的想法大拍马屁。即使有异议的，也都临时做了修正，在总监的思路大框架下，提了一些不痛不痒的相反意见。会议的气氛完全变了，根本起不到实质的作用。

事后，领导把他叫到办公室，面色严肃地问他："你知道自己错在哪儿吗？"孙主任很清楚自己的失误，他虚心接受了领导的批评，以后再有会议，他就知道掌握好发言的时机了。

领导需要集思广益，再在最后做出定夺

开会的目的是讨论，领导最后发言的目的，则是为下属留出足够的时间和空间，鼓励大家把想法都说出来，进行充分讨论，有利于集

思广益。他可以综合所有人的想法，再结合自己的一些思路，最后做出最明智的决定。

也就是说，领导最后发言其实不是因为摆谱，而是站在全局的角度，他需要这么做。他只要完善一下前面优秀的观点，做个总结，就可以了，省时省力，又能充分利用下属的智慧，肯定他们的努力，实在是一举多得。

但是一旦某个权威或者领导事先发了话，定了调，那么其他人就会受到很大的影响，这是对讨论本身的伤害。所以，也有人发明了NGT方法，即：大家先不交流，封闭思考，把各自的想法写下来，由会议的主持人汇总后发给大家，再进行讨论。这样的话，每个人就能够发挥独立思考的能力，可以不受他人的影响，领导也能看到所有人是怎么想的，从而不影响他综合大家的智慧，使团队的力量达到极致。

因此不管怎么说，为了保证大家都把想法说出来，领导最后发言还是很有必要的。从另一个角度讲，假若你是一名销售产品的业务人员，如果你要看清谁是真正的领导，可以到他们的会议室去。最后发言的那个人，他八成就是掌握实权的人了。

权威的扩散和转移

上司被自己的领导批评，就会找自己的下属进行批评。而下属如果不满，就会找自己的下属批评。所以，当发现上司倒霉时，你最好躲远一点，以免当了他的出气筒。同理，男人在外面受了气，就会回家对老婆发泄。

今天你挨骂了吗? 有一幅漫画, 名字叫作《宣泄》: 总经理心情很坏, 就把下属给骂了一顿。下属转而又去骂自己的下属。然后这位下属很恼火又不敢回击, 回家就把火发到了妻子身上。

妻子呢, 又发泄到刚放学回家的儿子身上, 狠狠打了儿子一个耳光。儿子气得一脚把小狗给踢飞了。小狗疼得哇哇叫, 跑出门去乱咬, 被咬中的人恰好是路过此地、白天在单位骂人的总经理。

不管是职场还是官场, 在这个社会中, 人的职位和地位都是一级压一级的, 呈现出一种金字塔状。一般来说, 自己的上司受到他的领导的奖励, 他会自己独自享有, 不会拿出来跟你一起分享。但是如果受到了领导的批评, 他很可能就会把这股懊恼和郁闷的怒火发泄到你的身上, 这个时候, 你就应该注意了, 伴君如伴虎, 上司若是朝你发起怒来, 恐怕你就得吃不了兜着走了。

所以, 当你看到上司一脸阴霾地出现时, 你应该尽量回避他, 让他找不到发泄到你身上的机会, 等到他怒火消了你再出现。

这就是此条社会生存规则和权威效应的生动写照: 上司受了气, 一定找属下发泄。然后属下就把这股火继续转移下去。这是因为人受了委屈或憋了一肚子气后, 常常需要"释放释放"。正如火山需要喷发, 不然就会把自己憋坏一样。

明白了这个定律, 我们就懂得离心情不好的领导远一点, 免得被误伤, 而自己去又误伤别人。

汇报工作前，先看看上司的心情

对于好消息，无论什么时候，只要上司有时间均可以进行汇报。但如果不是好消息，比如计划进行不顺，项目需要追加费用，工程出了问题，甚至是更坏的消息，那么除非事情紧急或万不得已，在上司心情不好的时候最好不要进行汇报，否则可能给你带来一些额外的、没必要的麻烦。

某位秘书去找领导汇报工作，没注意到领导正在生气，他就闯进去了。领导因为单位的一次工作失误挨了批评，正抽闷烟呢，一肚子的火没地方发。见他进来，就像老虎逮到了嫩羊，噢的一下就站起来了，指着他就大声怒斥："你们今年怎么回事，还有没有活人，脑袋都锈了啊！"该秘书就成了这次工作失误的替罪羊，白白地挨了一个多小时的骂。

回来以后，他觉得自己很委屈，莫名其妙就成了领导的案上鱼肉，于是他心情也不爽，就对着他的同事发脾气。结果这么一转移，整个单位的氛围都变得很紧张，人人自危。

人处在职场上，只要你不是最高的统帅，你就注定了得受上司的气，这也是无可奈何的，但是你要善于审时度势，随时注意观察上司的一言一行，看到苗头不对，立即做好心理准备，思索好应对之策，如果看到上司正在发怒，就千万不要再去捋龙须了。这就是在职场的生存之道。

在一部香港电影里有个情节，说的是廉政公署的一位专员觉得自己近段时间工作不错，破了几个腐败案子，想升职，去找上司申请，却正碰上该上司挨了上级的骂，他升职不成，反遭冷冻，实在倒霉。

但是责任仅仅在他不讲理的上司吗？显然，这些无故挨训的人，自己的责任更大，因为他们不懂得找领导提要求的时机，不会揣摩办公室氛围，不善于体会领导的心情。

如果不想伤到自己，最好的办法就是不要给上司在你身上转移情绪的机会。去找领导汇报工作之前，我们首先要做的工作是确定领导现在正干吗，心情怎么样。好消息当然不用太选择时机，但大多数人进领导的办公室，没几个是去报喜的。所以，下雨时要备伞，以免领导的电闪雷鸣劈你一个晕头转向，这是职场必须要注意的问题！

转移情绪时，需要点到为止，不可太过分

假设你是领导，一肚子的窝囊气想发泄出来，这时凑巧有个下属进来让你赶上了，你张嘴就是一阵猛轰。有时候拿员工发发火可以，但千万不要骂得太过分，应该适可而止。而且，打一棒子，别忘了再给点糖块，事后消除隐患。

《三国演义》中，张飞是个性情中人，脾气暴躁，又爱喝酒，只要酒一上头，他就打下属，态度粗暴。他不但对下属拳打脚踢，还喜欢将下属捆起来用鞭子抽，玩虐待。结果，关羽死后，张飞伤心过度，酒喝得更多了，脾气更暴了，天天打士兵，夜夜训部下。

有几个下属实在忍无可忍，就趁夜溜进他的营帐，把他给杀了，将脑袋割下来，连夜逃往东吴。这就是物极必反的道理起了作用，骂下属太过，反丢小命。

在职场混，即便是权位再高，也不能肆无忌惮地朝下属发脾气。

中国人向来好面子，他即便是你的属下，但如果被你无缘无故地骂了一顿，心里也肯定不舒服，甚至会因此记恨你。因此，职场之中，发脾气要适可而止。

即使是一个再卑微的小官小吏，也绝不容小觑。历史上很多有名的大臣为什么往往被一些不起眼的小兵扳倒了？原因就是这些大臣对他们的部下太过轻视，没将他们放在眼里，他们背地里搞阴谋诡计，当领导的却没有及时发现，等到发现了，已然迟了。

唐传奇的《飞烟传》中，河南府功曹参军武公业有个叫非烟的小妾，长得极为美貌，公业对她很宠爱。他们家的邻居是一位叫赵象的年轻公子，有文采，而且文质彬彬，很有风度。赵象不经意间从墙隙中窥到了非烟的美丽容颜，心中爱慕之情油然而生，为她废寝忘食，于是他买通了武家的门人，求他为自己表达情意。非烟厌恶公业生得粗犷，性情野蛮，对这位才貌双全的青年公子也颇为倾慕。于是两人先是往来情书，互送秋波，再到后来就发展到秘密幽会了。

可是忽然有一次，她因为一些细小琐事将一个女仆毒打了一顿，女仆怀恨于心，找了个机会，将她和赵象偷情的事一五一十地告密给了武公业。公业闻知此事，自然雷霆大怒，将她绑缚在柱子上，用鞭子狠狠地鞭笞，非烟的衣衫尽被鲜血染透，最后断气而绝。

如同在职场上一样，如果上司知道下属掌握着自己不可告人的秘密，就更不应该对下属乱发脾气了。不仅如此，你还要千方百计地笼络他，让他对你产生信任，让这个秘密永远不要流传出去。否则的话，你很可能受到下属的出卖。

事实上，中国历史上就有很多这样的例子。有很多声势显赫的大臣，本来意图造反，但是因为对下属不好，向他们说了一些重话，有些则将他们一顿毒打，这就引起了下属们的不满，最后他们向皇帝告密，皇帝知道了以后，将他们砍头了。

所以，做领导要控制情绪，做丈夫要尊重妻子的感受，否则就容易出现开头那个故事的结局：转移定律的始作俑者，骂完人就让狗给咬了。

∽ 给别人制造恐慌，然后你再赶走恐慌

人类拥有一种习惯，他们永不知足地想要看到其他人的行动中那些熟悉的事情。如果你是可以预知的，那么你就给了他们一种控制着一切的感觉。这就是那些领袖级人物可以做到的，他们故意让下属无法预知他的行动，让他的行为举止看上去没有任何连续性，也没有任何目的，这些会让他们的情绪出现不稳定的因素，而且他们还会绞尽脑汁地试图解释他的行动。

极端一点地说，这一条策略会让他人屈从于你这个上司，并且还会让他们感到惊恐不安。如果你能让人产生精神恐惧，人们将轻易屈

服。精神压力胜过任何武器，当对手陷入集体恐慌的混乱局面时，你便可以掌握一切主动权，权威就是这么建立和维护的。

唐玄宗靠着一场军事政变上台，他先后诛灭了韦党和太平公主，所以当上皇帝后也很不安心。宰相姚崇有一日和玄宗闲谈，说起内患之事，姚崇叹息说："我朝现有内部变乱，实由人心散乱、不惧皇威所致。陛下若不整治人心，使人不敢心起妄念，朝廷就很难长治久安啊。"

玄宗点头说："内乱重生，致使大唐危机重重，朕定要设法根除，依你之见，朕该有何动作？"

姚崇进言说："防患于未然，必须早作预见，惩人于未动之时。即使小题大做，也要造成震慑他人的效果，使人不起异念，自敛谨慎。这就需要陛下割舍情感、痛下重手了。"

玄宗示意自己知道了，然后微微一笑。

不久，玄宗在骊山阅兵式上，以军容不整为由，判功臣兵部尚书郭元振死罪。惊骇万分的大臣中有人进谏说："郭元振是当世名将，有勇有谋，他不仅屡立战功，更在诛灭太平公主过程中功不可没。如此功臣如今犯小过错，陛下不念旧情就治他死罪，惩罚太重了，也有损陛下贤德之名。"

玄宗厉声地痛斥进谏之人说："功臣犯法，难道就可以不问吗？有功必赏，有罪必惩，此乃治国之道，朕大公无私，本无错处，你们竟替罪臣求情责朕，莫非你们要造反不成！"

这般严厉斥责，吓得群臣再也不敢说话。最后，玄宗虽然赦免了郭元振的死罪，还是把他流放新州。

宰相刘幽求也是大功臣，他一贯和武党抗争。除灭韦党和太平公主的过程中，他也参与谋划，功劳不小。玄宗因为一件小事就罢免了他的丞相职务，还告诉他说："百官之首当为百官作则，故朕对你要求甚严，也是正常之举。"

刘幽求十分不满，背后常发牢骚说："皇上现在不念恩义，判若两人，他不该如此待我啊。我为他出生入死，谁知却落得这样的下场！"

玄宗听到刘幽求的牢骚，他马上又下旨把他贬到睦州当刺史，他还对群臣激愤地说："天下多乱，朕当严治臣子，此朕的职责所在。刘幽求以功劳和朕对抗，口出不逊，这便是大罪。朕若徇私枉法，反让人有了造反的口实，朕怎会做这样的蠢事呢！"

不久，刘幽求怨愤而死。群臣见玄宗对功臣都如此心狠无情，一时都惶恐不安，不敢犯一点小错。

后来，功臣王琚、魏知古、崔日用等一一被贬，朝中再也无人敢以功臣自居。群臣整日战战兢兢，玄宗这才罢手。

唐玄宗割舍情感，对昔日的功臣痛下"杀手"，在群臣之中制造了一次强烈的精神恐慌。功臣们几经政变，玄宗将其慑服，防止他们恃宠而骄，心生反意；而那些无功的大臣更会战战兢兢，只求自保。谁也猜不透玄宗的下一步。

人的精神一倒，其意志和雄心便会随之土崩瓦解。再刚强和难制的人，也抵御不了精神的打击。建立自己独一无二的权威，有时就要给下属制造精神紧张。在此之前，要制造恐怖气氛，在人人自危的环境下，人们总是本能地加倍小心。了解别人的内心想法，也是必不可少的，如果把别人的潜在意图都一一点明，谁都会心惊肉跳，不敢轻举妄动了。然后，都会唯你这个最高的领导马首是瞻，不敢有丝毫的违抗。

第七章

CHAPTER
SEVEN

管好嘴巴比什么都重要

∾ 可以不聪明，但不能不小心

混在职场，小心为上。不要随便触犯别人的利益，更不可被别人推出去当箭靶。

混在社会，你可以不聪明，但不可以不小心。一定要谨慎得如同一只胆小的松鼠。

什么意思呢？你是不是一个庸人，这丝毫没有关系，但是，不管怎么样，就是不能做粗心鬼。做人要谨慎，做事要小心，肚子要大，眼睛要亮，嘴巴要小，才能安全地在社会立足，如鱼得水。

这就是说，社会生存的安全之基础，就是不能得罪人，不可随便触犯他人的利益，要缩成一个圆，化成一杯水，在夹缝中穿梭自如，否则小鞋就有得穿了。

小心驶得万年船

一个人很聪明，心眼多，才能出色，可他如果有粗心大意的毛病，那就完了，在职场肯定吃不开。不但吃不开，还会处处碰壁。当然，这不是说人越笨越好，干脆就当一个笨蛋，而是在讲聪明人立身处世的方法：

小心才能驶得万年船，对"聪明"只有慎用和擅用，才能为自己带来切切实实的利益。

特别是当一个人还在基层时，他什么都没有，伤不起，也摔不起，对损失和挫折的承受力低，那么他最需要的就是小心谨慎。因为人在底层时，所从事的工作和所做的事情也都很简单，不需要你有多么高深的智慧、多么聪明的头脑。但在职场，越是简单的事，做起来就越需谨慎。

很多人都是在简单问题上犯了粗心的错误，才让前程蒙上一层阴影，甚至被踢出局。

小心体现在什么地方？

第一，说话要谨慎，不该说的话不说，轮不上你说话，那就更不能说。正话反说，反话正说，好话坏话怎么讲，都很有讲究，绝不是张口就来，口无遮拦。上司的工作，别在背后点评；同事的表现，更不可品头论足。说话不慎，就会得罪人。有时候，你得罪一个人，就等于得罪了一批人。因为职场是讲究阵营的，尤其那些有靠山的，你对他指手画脚，就相当于对他的靠山不满，你还有救吗？

所以说，谨言慎行，是社会生存必须要遵守的第一条准则。

比如在开一次会议的时候，你的上司还没发话，你就先提出自己的意见来了，不难想象出领导是怎样的表情：他们肯定是眉头一皱，心想这小子怎么这么没大没小！

在仕途中生存的人，除非是王孙贵胄，否则大都要经历一步一步慢慢爬升的过程。对于一个初入职场的人来说，你就更应该多加谨慎提防，要知道"人微言轻"的道理，所以你就要学会低调，想要赚尽风头，岂能那么容易？一句话说错了，就足以招来麻烦。

就比如上面的那个例子，如果自己先在一旁缄默观察，等领导把话说完，轮到你发表意见的时候，你再从容有度地将心中的想法表达出来，这样会不会更加得体呢？

另外，对于上司和同事的缺点、工作能力，以及关于引起领导和同事敏感的话题，你都要三缄其口，不但嘴巴要管严，更要在行动上步步提防，提醒自己不要说错话、办错事。因为一旦将他们得罪了，你就甭想在职场上混了，被排挤、被打压、被踢出局，那都是早晚的事。

小王在公司是一名前台接待员，平时专门喜欢搜集一些小道消息，因此公司的一些大小事情她都知道。譬如说，公司副总经理的一些风流韵事啊，公司高层之间的内幕，下一任财务总监由谁来担任，她都知道得一清二楚。

自己心里知道也就罢了，她还是个大嘴巴，私下逢人便说，影响很不好，后来事情闹大了，公司上层出来追究，最后她被迫离开了公司。

第二，做事要小心，同时还要慎思。在职场，做事就代表着触动利益。很多好的政策之所以无法执行，就因为牵扯着一大帮人的切身利益，谁都不想让利，所以就让局面僵持着。这时候就会有冤大头冒出来，空有一腔报国志，满怀信心地去切蛋糕，可他不知道这是得罪人的活。所以别看事情做得对，结果却很不妙，就是这个原因，他得罪人了，一定倒霉。就算做完的事情，可能也会被翻盘。

古时候，皇帝想推行新政时，就会用一些刚直不阿的人。因为皇帝知道，在这样的臣子眼中，没有"小心谨慎"的概念，做起事来一定是雷厉风行，不管是谁的利益，他都敢动。得罪人的事情，就让这些人去干。新政推行成功了，为了平复利益受损的人的情绪，皇帝再找个由头，把这些"改革家"罢官流放，甚至扔进监狱。

在中国历史上，这种事情发生过太多了。商鞅变法，使秦国一跃成为了六国首霸，这是多么利国利民的好事，可他最后为什么被五马分尸呢？就因为他的变法得罪了秦国的老贵族。他在变法的时候没有顾及这些人的利益，没有采取一个万全之策，就给自己招来了事后的杀身之祸。然而，这些人恰恰都是才华横溢、百年难遇的忠良。站在理想的角度讲，他们当然对国家起到了积极的作用；但站在现实的角度，我们会发现，他们个人的命运，一般都是极为落魄乃至悲惨的。

另外，越俎代庖也是职场的一大忌讳。在职场上，你不能多管闲事，话多招人忌，事多更给自己添惹麻烦。

职场是一个复杂而微妙的场所，有才干，有能力，固然很重要，但是如果一个人不懂得为人处世的道理，即使再能干也是白搭。职场中人人都分工明确，你一旦染指了领导或同事的工作，免不了就会招来人家的白眼。

《红楼梦》里的小红就犯了越俎代庖的错误。她在贾宝玉的丫鬟里，只能算是个二流的，在袭人、晴雯、秋纹、麝月、碧痕这些大丫鬟面前，根本就无立锥之地。她不甘心只做一个默默无闻的丫鬟，于是她有一次，宝玉要喝茶，因为房间里没有其他的丫鬟在，这正中她的下怀，于是她立刻就给宝玉端上了一杯茶。

要知道，丫头也是分三六九等的。给宝玉端茶倒水这事，还轮不到小红去做，这并不是她的职责所在，她这就属于超职越权、越俎代庖了。因此这件事后来让秋纹和碧痕知道了，她们没少编派她，秋纹骂她"没脸的下流东西"，"拿镜子照照，配递茶倒水不配！"最要命的是，碧痕还要挟她，如果这样的事情再发生，她就将小红和贾芸的风流韵事给抖搂出来。

小红的故事告诉我们，在职场中，你应该看清楚自己的位置，不是自己分内的事情，不要去多管闲事。不同的人有不同的性格，如果你越俎代庖了，他们就会按自己的性格对你做出各自的反应。有的人可能立刻一脸阴霾地对你冷嘲热讽，这还是厚道的；有的人城府比较深，心中的忌恨不会明显表示出来，但是他对你爱答不理，不冷不热，让你心里忐忑不安，因为你不知道他何时会对你不利。

妄自尊大一定会受到惩罚

聪明的人在这个世界上有很多，但成功者很少是他们。这些聪明人之所以失败，就在于他们过于自信。因为太自信，所以说话行事，都不那么谨慎小心。不聪明的人，最多笨拙一些，事情做得差一些。

在职场，这没什么。但如果妄自尊大，就不受人欢迎了。

清代南方有个秀才叫汪善宁，小时候就被视为神童，3岁会背唐诗，6岁就能作诗。后来他一路中第，进了苏州府衙做知府的执笔。执笔是什么职位呢，相当于现在的文秘，给领导写写发言稿、润润笔之类的。在当时，这是和师爷类型相似的吏，是官员身边的左膀右臂。

汪善宁仗着自己有才，瞧不起师爷，经常嘲笑他"腹中无墨，口余蜜油"。意思是师爷才能没有，拍马屁是内行。师爷倒也忍了，每次都是笑笑，但内心记恨，就等机会报复。有一次，知府召开紧急会议，要商量给前线筹集粮草的大计，太平军一路高歌猛进，形势危急。汪善宁因为家里临时有事，迟到了足足一刻钟。知府很不高兴地斥责他耽误军国大事，这时师爷一看机会来了，马上就站出来把汪善宁平时的"所作所为"向知府告发，很多平时对汪善宁看不惯的人，也都站在了师爷那边。知府知道姓汪的犯了众怒，又恰逢需要鼓舞士气、严明纪律，立刻就把汪善宁给关了起来，以延误军机的罪名给处死了。

可怜可叹，一代神童，死在了自己的才高气傲上！做人大意至此，得罪同道之多，才华即便胜过管仲，又能怎么样？

嘴巴大却又站在权力的位置上是有很大危险的，而自大更是取祸之道。管不住嘴巴，想训人就训人，以为同事都是无能之辈，谁都比不上自己；到处拿架子摆谱，也不看看是谁的地盘，这一圈下来，周围的同僚全成了敌人，一堆小鞋等着你穿，那你就混不下去了，走人是早晚的事。

所以，要混职场，得先承认自己的无知，闭着嘴学，弓着腰走路，像条泥鳅一样生存，能屈能伸，才是良策。

再看看三国时期的祢衡吧，颜之推对他有四个字的评价，极为准确——诞傲致殒。祢衡名重当世，有惊人的才华，可是这个人恃才傲物，太过狂妄自大、目中无人了。当时北海太守孔融与他是忘年之交，屡次将他引荐给曹操，曹操也很想认识认识这位才华横溢的名士，不料祢衡却不识抬举，曹操每次召见他，他都称病不往，而且还对曹操指三道四，多有轻侮之辞。

曹操心里很愤怒，但因为他名字太响亮，杀了他有损自己形象，因此没有对他起杀机。祢衡击鼓击得极好，于是他下命令将他召来，给自己击鼓，当时他正大会宾客，其实也是在有意羞辱他。没想到祢衡居然将衣衫尽数除去，挥舞着鞭子击起鼓来，当时宾客们尽数掩袖遮面，他倒好，说得极为潇洒："吾露父母之形，以显清白之体耳！"

曹操大为愤怒，将他发配到荆州刘表帐下。这个祢衡在刘表面前同样不知收敛，经常侮慢蔑视自己的顶头上司，于是刘表又将他发配到了江夏太守黄祖那儿。

有一次，他与黄祖坐在一块饮酒，黄祖醉醺醺地问他："你在许都的时候，有本事的人物都有谁啊？"祢衡说："大儿孔文举，小儿杨德祖。除此二人，别无人物。"黄祖接着问他："那你看我怎么样？能跟他们一较高下吗？"祢衡道："你啊，你就像那庙中的神像，虽然受到人们的祭拜，但终究不会灵验的。"黄祖掷杯大怒，喝道："你好大的胆子，竟然将我比作土木偶人！"于是就把他斩了，祢衡至死还骂不绝口。

有一句话，是所有人都应该记住的：聪明不是摆在货架上让人看的，而是揣在兜里自己用的。我们今天这个社会，就像一条看不清水质的河，河水时而平静，时而泛起。常在河边走，最要紧的事情不是看着前方，而是紧盯脚下，哪儿有暗坑，哪儿是烂泥，步步谨慎，才能站得住、走得稳！

∽ 你说出的每一句话，都可能传进别人耳朵

请记住这一点：别以为人们不知道你说了什么和做了什么。事实上，你所说的每一句话，随时都有可能传进别人的耳朵，成为日后你洗刷不掉的"铁证"。

朱元璋当上开国皇帝之后，为了监督百官，设立了锦衣卫。这些人就干一件事，向皇帝报告官员们每天都在干些什么，谁想谋反，谁贪污了，哪些官员走得比较近，谁跟谁经常串联，等等。

有一次，朱元璋接见一名官员，工作还没讨论完，突然问他昨天的晚餐吃的是什么。官员老老实实回答了，朱元璋点头微笑，说："嗯，你没说谎。不过，以后吃饭的时候节约点，平时我白天的主餐不过两菜一汤，你一个夜宵就上八个菜，是不是太浪费了？"

该官员听了，汗流浃背，因为朱元璋不但说出了几盘菜，还把菜

名都给他报了出来，一个不差。由此可见锦衣卫对于官员的监控有多么无孔不入和可怕。

这个故事，讲的其实就是职场的透明性。在职场，没有不透风的墙，即便没人像锦衣卫那样监视你，也总会有人告密的。无风不起浪，即便流言，也有它的出处。因此，这是一个透明的世界。

说话之前，先想好该说什么，不该说什么。做事时，要做好最坏的打算，即上司对你的行为一清二楚，不要妄想瞒天过海，因为败露的代价承受不起。

所以说，人在职场，管好自己的嘴，比做好该做的事要重要一万倍。

你可以一事无成，但只要说错一句话，很快就会倒霉了。因为在上司眼里，庸才自有他的用场，但不会说话的人是万万用不得的，对上司说谎的人更是应该立刻出局。

上司对下属有两个基本的要求，第一是忠心，第二是诚实。当领导的有能力做到将办公室变得透明，不但看穿你的心肝肺，还能搞得清你的脑子里在想什么。

作为一名下属，我们该怎么做呢？

首先，少说话多做事。如果你对上司有意见，最好当面去说。他虽然有可能生气，但很少记仇。只要你不在同事们面前说，不在背后"诋毁"他。你时刻要记住，办公室里到处都有通风报信的小人，当一句话从你嘴里说出来后，控制权就不在你，而在听到的人。你再也没法控制这句话的传播，更无法掌握局势，要不然，历史上也不会有那么多杀人灭口的事了。说出去的话，泼出去的水，想必你不希望祸从口出的悲剧发生在自己身上。

小王是一名刚刚毕业的大学生，刚刚来到一家新公司，她想尽量在较短的时间内跟大家熟悉起来。虽然表面上同事都对她客客气气，但是她一眼就能看穿他们没有将她视作自己人，只有一位姓李的大姐对她比较关照，跟她有说有笑，经常坐在一块聊天，李姐还将公司的大小事情通通告诉了小王，比如各个同事的性情脾气和隐私，应该注意些什么人等。

小王初来乍到，对公司情况什么都不了解，有这样一位"热心"的大姐对自己这么"照顾"，自然对她很感激，将她当作知心人看。于是她也将自己平时看不顺眼的事情，一股脑地告诉了李姐，有时甚至指摘身边同事的不是，背后说他们的坏话。

可是她忽然发现，公司同事对她变得更加冷漠了，见到她都是爱答不理的，她很懊恼，不知道自己做错了什么事。后来有一天，正当她打印一份资料的时候，忽然听到外面李姐的声音："新来的小王人品太差了，昨天还说你目中无人呢……"

话说多了就难免得罪人，在职场中得罪人是非常危险的。社会就是一个大染缸，龙蛇混杂，大家都是奔着利益去的，所以你很难看清楚别人的真实面目。

比如唐朝"口蜜腹剑"的李林甫，"笑里藏刀"的李义府，都是活生生的例子。职场中这样的人俯拾皆是，你若不时时警惕，迷信了他们对你的"阳奉"，却没看到背后的"阴违"，没有任何防范之心，将自己的秘密全部告知于人，那么你就要倒大霉了。

其次，尽量对上司说实话，不要瞒报虚报。事情做得再不好，也要如实交代，听凭上司发落。有些人能力很强，但工作有了失误，喜欢蒙上领导的耳朵，给领导假信息。对这种下属，没有一个上司是喜欢的。相反，那些能力平庸的人，虽然事情办不好，但从来不会以假乱真，既听话又诚实，当领导的就喜欢用这样的人。

最后，职场既透明，又黑幕重重，真真假假，难以分辨。如果总是实话实说，或者说话时不看时机，不注意身份，也会出问题。有时领导想听你讲实话，有时他又希望你说假话。揣摩上司的心思，就成了一门艰深重要的功课。

比如说三国时的刘备，临死前把诸葛亮叫到床前，将刘禅托付给他，让他监国，还说了一句很著名的话："如果我儿子不成器，你就取而代之吧，废了我儿子自己当皇帝。"这话听着是好事，可是很阴险啊！诸葛亮怎么办，他说真话还是说假话？就算他将来有可能玩一招李代桃僵，也不可能告诉刘备。刘备要死了，这时候就是要给儿子接班做好铺垫，诸葛亮只要稍露一点异心，那脑袋立马就没了。

换到刘备的角度看，他希望听诸葛亮说真话还是假话？很显然，他希望听到的肯定是假话，即便他觉得诸葛亮真有可能废了自己的儿子，也希望在临死前听一听诸葛亮表表忠心，好让自己死得安心、走得放心。

所以诸葛亮扑通就跪下了，眼泪鼻涕流了一大堆，又是表忠心又是捶胸口，甭管真假，反正搞得刘备很不好意思地咽了气。

这就是说话的艺术，领导随时会知道的秘密，有时你要实话实说，有时却需要掩饰和隐瞒。不知有多少人，在这种事情上栽过跟头。他们都觉得自己没犯错、没说谎，但是，你做的是对的事情吗？有些话说得虽然真实，但未必正确。

只会说实话并不等于会说话。明明老板已经知道的问题，但他让你再叙述一遍时，也不一定就得实话实说，因为你还要猜测老板真正想听到的是什么。拣他最想听的话说，做他希望你做的事，就对你不会有害处了！

∽ "我真的什么都可以说？"

和上司搞好关系没有什么不好，经常谈心也是很有必要的。但是，切记不要把"心"整个交出去。如果你什么都说，把自己的秘密交到别人的手中，那指不定什么时候，你就会被对方出卖。

和你上司的交流当然极为重要，有时你还需要跟他交心——尤其当他对你确实很不错时。坐到酒馆，关上房门，找一个私密空间，说说心里话，聊聊人生，发发感慨，露露底牌，套套近乎，告诉他你有哪些想法……这样的交流很见成效，属于笼络人心和表达忠心的必备招数。

不少人都希望得到这样的机会，因为这意味着你跟上司的关系更进了一步。但是，你要先给自己设定一条原则：和上级偶尔的交心是必要的，但不是什么都可以说。

当然，和上司交心的好处有很多，比如：

1.能表明自己的立场，并通过直接交流展现自我能力和潜力。

2.能从上司那里了解一手的信息，明白自我位置，可以进行正确的自我定位。

3.这时也是提要求的绝佳机会，让领导明白你的需要，但必须讲究方式方法。

4.适当的交心会让领导觉得你是自己人，只要让他觉得你是忠诚的。

不过，如果什么都跟上司说，也会让他觉得你是个傻瓜，必要时他就会毫不留情地出卖你，拿你当一个可利用可牺牲的棋子。跟上司的交流也是双向的，不但对上司说什么要适可而止，听上司说话，也要选择性地倾听。在职场，有时听到的秘密比吐露的秘密对自己的伤害更大。

小卢毕业后进入单位不到一年，由于他能力出众，领导很重视他。最近，领导开始主动和小卢谈起自己家庭、朋友以及他在单位过去的私事，把他当作知心朋友一样。小卢对此有些为难：作为自己的上司，他不好直接回绝倾听，怕得罪领导，但与上级走得太近，又会让同事们误解。

起先，他只是觉得上司很随和，但是时间长了，他发觉自己已不知不觉知道了上司的很多私事，比如领导的舅舅是该单位的直接上级，单位里还有几个同事是靠这层关系进来的，而且还送过礼。更让小卢感到尴尬的是，他的同事开始对他有意见了，领导对他这么好，别的人当然有些不服气。所以，他发觉自己不由自主地掉进了一个"陷阱"中，而这，全是领导跟自己交心惹的祸！

在处理繁杂的办公室人际关系时，如何与领导保持合理的距离，是最难把握的一件事。上司什么都对你说，看着固然很风光，但一旦你无意中透露了他的一些隐私，恐怕马上就会引起办公室的一些人际斗争。并且，上司对你的印象顿时就会一落千丈。所以，作为下属，应该尽量防止单独与上司相处，即便需要跟上司交心，也要有的放矢：不该说的坚决不说，不该听的坚决回避。只有这样，才能避免给自己的未来埋下隐患！

现在上司信任你，他会告诉你很多的秘密，但有一天他突然不再信任你了，他会怎么办呢？那时你的危险就来临了，你会因为掌握了他的某些内幕而成为他重点提防的对象。

∽ "我对你很放心！" ——事实可能正相反

假如上司说"我对你很放心"，你就要小心了，说明他从来没有放弃过调查你。因为真的放心是不用说的。只有不想让你察觉他在调查你，才会故意安抚你。

明朝的开国功臣宋国公冯胜，帮着朱元璋打下了天下，进了南京城，就开始骄傲了。他在自己的府第外筑稻场，整天走马为乐，侵扰百姓，周边的邻居苦不堪言，恨他恨得要死。于是有受害者告到了朱元璋那里，说冯胜家居不法，稻场下密藏兵器，肯定是想谋反。冯胜听说了很害怕：朱元璋向来多疑，大肆使用严刑酷法，连自己的儿子都敢杀，何况我这种外姓老臣，这可怎么办？他吓坏了，晚上睡觉都要睁一只眼，生怕锦衣卫冲进来把他给带走，鬼头刀一挥就将他给结果了。

不久，朱元璋把他召进宫，表情却还和往常一样，摆上酒席请他吃饭，还劝他说："老冯啊，这件事你放心，悠悠众口，说什么的都有，我不至于相信那些无端的谣言！来来来，咱们吃饭喝酒。"朱元璋边说边笑。原本吓得战战兢兢的冯胜一听放心了：原来皇帝对我还是很信任的，毕竟我是开国功勋嘛！于是他敞开了肚子吃喝。

谁知道，他回到府邸，当天晚上就得了暴病，七窍流血，不一会儿就死了，临死他才明白，朱元璋给他喝的是毒酒。

也许上司也对你说过"我很信任你"这样的话，或是对你表达过他的信赖和赞赏。但是看了这个故事后，他们的话你还真的敢相信吗？

其实这也是一种社会信任定律：上司表示信任你，事实可能正好相反。因为信任是不必说的，刻意说出来的一定有假，至少背后有水分。当他对你表态时，很可能正在调查你，或者想拿下你。因为不知道你是不是察觉到了他的意图，所以才会用这种方式进行试探。

记住，别相信上司故作亲近的话，因为背后一定是个陷阱。上司的亲近通常都是有目的的，如果不是要利用你去做什么事，就是觉得你对他是个威胁，想对你下手了。

职场中不乏两面三刀的人，上司表面上对你客客气气的，可指不定他心里对你恨之入骨呢，如果他一反常态地对你有说有笑，你就得谨慎提防了，先检讨审视一番自己的行为，然后从他对你的态度上寻找破绽，如果真的如你所料，他要开始对付你了，你就需要想好万全之策，随机应变了。但往往很多人看不透这一点，稀里糊涂地就中了上司的糖衣炮弹。

唐玄宗有一次在勤政楼上听音乐会，这时兵部侍郎卢绚垂鞭按辔地从楼下走过，玄宗定睛一看，只觉得这个人生得玉树临风，好有风度，音乐会也不听了，目不转睛地目送着他走远，为他的风流蕴藉所深深地倾倒叹赏。

唐玄宗身边有个"口蜜腹剑"的宰相李林甫，他早就以重金买通了玄宗身边的太监，因此皇帝的一举一动他都了如指掌。因此他知道了这个消息以后，担心玄宗会重用卢绚，威胁到自己的相位，于是他就将卢绚的儿子召来，对他们说："你们的父亲是个令人敬仰的君子啊，如今交州、广州都没有什么人才，皇上想要让他到那边去上任，若是怕远途跋涉，圣上一个不高兴，令尊可能就要遭贬啊！"

卢绚的儿子信以为真，一个个都愁眉苦脸的，当时的交州、广州都是蛮荒之野，所以他们听说要到那种地方去，个个忧心如焚。李林甫接着又装出一副惺惺作态的样子，蹙眉道："哎呀，令尊到了那边肯定是吃不消的呀，依我看，不如让令尊上表请求到洛阳去，这样可能会打消皇上的念头吧……"

卢绚内心忧惧，只好上表请求到洛阳去，李林甫心中窃喜：这颗眼中钉总算消除了！卢绚也不想想，李林甫是什么人，那是妒贤嫉能、损人利己的主儿，还能千方百计地为自己考虑？

在社会中摸爬滚打，你要善于了解上司和同僚的性格秉性，留心他们素日的言行举止。无论是在职场，还是在日常生活中，一个人的一举一动，往往最能表现出他的性格来，所以在职场上注意上司的言行很关键。只要抓住了这一点，当他对你有所行动的时候，你就不难察觉出他的意图了。

汉武帝调查自己的亲舅舅田蚡，都已经决心将他拿下了，还要召他进宫，表示要继续重用他，态度异常和善。幸亏田蚡是个聪明人，他立时意识到，皇帝这时要对他动手了，因为怕他跑了或者谋反，才把他叫进宫，刻意安抚他。回到家，田蚡思来想去，想出了一条妙计：装疯。他披头散发，意识迷乱，还跑到屋顶上放风筝，最后骗过汉武帝，躲过了这场杀身之祸。

　　那么，面对上司的这种假惺惺的表态，我们应该怎么办？

　　第一，当然应该感恩戴德，面子工程是必不可少的。上司握着你的手对你表示好感，你总不能皱起眉头跑掉，或者当面揭穿他的"狠毒用心"吧？

　　第二步，表忠心是必须要做的，因为他希望听到你的忠诚回应，你稍有犹豫就会让他产生怀疑，所以，此时我们都要变成演技派，能挤出两滴眼泪更好。虽说不至于慷慨激昂地大喊什么"我这条命就是您的"，但也要表情逼真一些、态度坚定一些。

　　第三步，那就是你得赶紧想想，最近有哪些事做得不合上司的意，在哪些地方得罪了上司，或者最近自己有否越级报告过。另外，就是你得全面考量一下自己在单位的价值，近期有无升职可能，会不会对上司构成威胁。当你把这些细节思虑一遍后，你就能找到上司突然对你"抛媚眼"的真实原因了！也便能见招拆招，从容地进行应对！

第八章

CHAPTER
EIGHT

关系的本质是什么？

∽ 你怎样对别人，别人就怎样对你

　　没有真正的常胜将军，不管是上司还是下属，朋友、亲人还是爱人，当初你怎样对待他们，以后他们就会怎样对待你。因此，为别人留余地，就是给以后的自己留一块立足之地。

　　我读过一本书叫《包容的智慧》，刚刚大学毕业、走进社会的人都应该看看。里面讲到了一个故事。阎王问两个小鬼："现在，你们两个有资格到人间投胎做人了，不过一个要一辈子忙着给别人东西，另一个可以一辈子都从别人那里拿东西，你们选哪一个啊？"小鬼甲赶紧说："还是拿东西好，我做第二个！"小鬼乙嘴慢，没抢过甲，只好选了第一个，一辈子都得给予，没办法索取。阎王哈哈一笑，说："那好，小鬼甲，你投胎到人间做乞丐，一辈子向别人要东西吃；小鬼乙，你投胎到富贵的大户人家，经常周济穷人吧。"

不愿意给予的小鬼立时遭到惩罚。如果你不想给予，只想索取，其实下场就是乞丐；只有那些愿意帮助他人的人，才可能成为"富翁"。职场何尝不是如此呢！处在一个关系世界里，没人愿意只给予你，却不能从你这里得到回报。所以，关系定律首要宗旨就是告诉我们：你怎样对别人，别人也会怎样对你。

凡事留下余地，给人留一条退路

朱元璋的丞相杨宪因科场舞弊案被剥皮抄家，胡惟庸作为审理该案的主要官员，负责监督抄家的全过程。根据规定，抄家就要把所有的东西包括财宝都收归国库，一件都不能留给有罪之人的家属。但是胡惟庸悄悄给杨家留了一包袱金银首饰，抓住了杨家的心，把这股残余势力收为死忠，为自己增加了一个耳目，还在以后派上了用场。

社会就是这样，可以得罪人，但一定不要把人得罪得太绝。要给别人留下可以存活的余地，如果他对你的威胁不是太大的话。人们常说"斩草除根"，那是对你死我活的仇敌，并不具备泛指性。实际上，在职场的争斗中，大部分矛盾都不过是一些普通的利益之争。可以打得难分难舍，但最后的退路，还是要给人家的。

给别人留余地就是给自己留余地，与人方便就是与己方便，善待别人就是善待自己。你不给别人留余地，可能自己早晚有一天就会没有立锥之地。因为山不转水转，失败者也可能东山再起。等你落在他手里，他会怎么对付你？肯定以你之道，还于你身。

两方相斗，会造成两败俱伤；若是两人相让，则两人都有所得。

让步不一定吃亏，礼让才能和谐双赢。忍让一下，看似吃亏，实际上就是占便宜。民谚有云"养儿防老,囤谷防饥""晴带雨伞,饱带干粮"，说的都是要未雨绸缪，为明天留后路、留余地。

我们反观现实，那些只想获得、不能施予的人，一般都不会有很好的人脉关系；每次都为了最大利益机关算尽，不给对方留一点余地的人，最终可能导致自己也没有可以立足的一席之地了。

做事要做好，给自己也留一条后路

我们自己做事，处理各方面的关系，在策略上也要给自己留出后路来。话不可说满，事不可做绝，留有余地，才有足够的回旋空间。所谓天无绝人之路，就是说连上天都会为每个人留有转机，留有选择的余地。俗话说："弹琴唱歌，余音绕梁；赠人玫瑰，手留余香。"留有余地，才能做到均衡、对称、和谐；留有余地，才能做到进退从容、屈伸任意。我们留下更多的空间给别人，同时也是给自己，这样才能获得自己的成功。

在社会上，利益总是建立在共存的前提下才可长存，任何有损一方利益的事情都不可能会长久。靠损害他人利益往上爬的人，最终损害的也是自己的利益，害人终害己。相反，一个为他人着想、给他人路走的人，反而会让自己也有一条路。

有兄弟俩出远门，各带自己的行李箱，路上谁也不帮谁。行李箱很沉啊，兄弟俩怀里抱一会儿，肩上扛一会儿，左手累了换右手，走得很难艰。也很慢。老大想了想，停下来，到路边小店买了一根扁担，将两个行李箱一前一后挑上。他自己挑着两个行李箱，反而觉得很轻松。

就这样，兄弟俩一人挑一会儿，走路的速度就快了很多，而且也不累了。故事中的这个大哥，就很擅长处理关系，他是个关系高手。一条扁担，既帮了兄弟，也帮了自己。可以说，他既会做事，又会做人。

我们常说一个人不仅要会做事，还要会做人。这个道理说起来简单，做起来难。其实，你只要时刻能想到"与人方便，自己方便"这八个字，遇到这种情况的时候，就应该懂得如何处理了！因为在前进的道路上，搬开别人脚下的绊脚石，有时恰恰就是为自己铺路。

∽ 关系产生机会，也为你提供盟友

中国人常说一句话："在家靠父母，出门靠朋友。"这句话尤其适用于职场之中，要想闯出自己的一番事业，朋友是必不可少的，所谓"一人得道，鸡犬升天"，朋友混好了，你也能得到他的提携和帮助，以后做事业、谋财路自然是指日可待了。关系越多，你得到的机会就越多。

小说中的韦小宝本是个不学无术的市井无赖，他肚中其实一点学问都没有，每天只会在皇帝面前溜须拍马，但他能左右逢源，官越做越大，不仅皇帝宠爱他、信任他，他的属下也都拥戴他，即便是他的仇人、敌人也能与他化干戈为玉帛，甚至还跟他拜把子，称兄道弟。

没有关系，你就没有盟友

这就是关系的妙处。关系多了，朋友也就多了，一个人要想在社会中单打独斗，可谓难于上青天。毕竟职场中人心险恶，复杂诡谲，自己孤立无援，很容易被恶劣的环境所吞噬。但当你遇到危难之时，有人向你伸出援助之手，你就能化险为夷，确保自己在险恶的环境中生存下来。

宋朝的大文学家苏轼就是一个鲜明的例子。苏轼所生活的那个时代，表面上繁荣昌盛，其实背后却隐藏着重重危机。统治者似乎也已经意识到这种危机的出现，所以神宗一即位就起用王安石担任宰相，并支持他变法。但是王安石的一些政见和改革措施，与苏轼多有不合，苏轼向皇帝上书批评王安石变法，结果遭到王安石党羽的排挤，最后被迫贬谪离京。

他被贬到了杭州，在那里做了3年的地方官。王安石一党还是没有放过他，故意扭曲他的诗作，说他是在讽刺新法，给他网罗了一个"文字诽谤君相"的罪名，他因此坐了牢。若不是北宋开朝以来就有"刑不加士大夫"的政策，苏轼恐怕就在劫难逃了。

后来神宗去世，哲宗即位，哲宗年纪幼小，都是高太后主持朝政，高太后不喜欢王安石变法，因此新党的势力遭到打压，守旧派又死灰复燃，这个党派的代表司马光又得到重新起用，苏轼由于当时反对新党执政，因此也沾了光，被召回朝廷。

可是他渐渐又看到了保守党的腐败，将两个党派比作一丘之貉，再次向皇帝陈表谏议，对其进行猛烈的打击。就这样，他在新党和旧党的夹缝中生存，一贬再贬，仕途失意。

苏轼诗词文章写得极好，他的政治才干也是显而易见的，他在杭州做官的时候，政绩突出，受到当地百姓的拥戴。但是他不会做官，不懂得官场处事之道，最终成了新旧两党斗争的炮灰，这就是他不善于处理关系的缘故。

人多了才好办事

在小说中，韦小宝虽然不学无术，但是也知道，有本事的人不会卑躬屈膝地溜须拍马，而总是喜欢阿谀奉承的人，必然跟自己一样没本事。在一次水战中，其他官员都向自己馈送礼物，唯独施琅没有，他认定施琅一定有与众不同的指挥作战能力，因而他重用了施琅，结果果然被他料中。

施琅若不是遇上了韦小宝，恐怕这一辈子都不会有升迁的指望了，后来他也学聪明了，通晓了"朋友多了好办事"的道理。

每个人都希望能遇上自己生命中当之无愧的贵人，这就需要你多结交一些朋友，少树立一些敌人。认识的朋友多了，关系增多了，说不定哪一天就能对你产生至关重要的作用，使你少奋斗20年，甚至更多。

无论是哪一种行业，都需要有关系的凭借和依靠。一个人的成功与否其实很大程度上取决于他关系的多少。没有朋友的帮助，缺乏贵人的帮衬，你即便是能力超常出众，也不过是玉韫珠藏罢了。

要想做一番大事业，人脉关系更是必不可少的，关系就是打开自己光明前途的一把金钥匙。历史上很多人都在拼命讨好上司，在同僚之中不愿多树强敌，处心积虑地掌握一切关系人脉，就是因为他们知道职场上人多好办事。多结交一个朋友就多一份力量，多一个升迁的机会。当你身处危难的时候，朋友也会为你仗义执言，对你拔刀相助。

《唐才子传》记载：当初李白在并州游历，见到了郭子仪，而郭子仪不知道犯了什么罪，被押赴于此，李白只觉得这个人骨骼惊奇，与常人迥异，于是就设法救下了他。

后来，有灾祸殃及李白头上。永王之乱爆发，当时他正给永王璘做幕僚，永王兵败以后，他也跟着遭了罪，被流放到夜郎。而这时郭子仪时运当头，正在辅佐唐王室平叛安史之乱，是皇帝身边的红人，当他听说了李白遭流放的消息以后，主动向朝廷请求豁免李白的罪，并愿以自己的官爵作为交换，这样才使得李白重新获得了自由。

俗话说："人在江湖漂，哪能不挨刀。"在社会上，有很多毫无征兆的陷阱，你难免有大意失措的时候，但若结交的关系多了，身边的朋友就可能会在你危急的时候，向你伸出援助之手，使你摆脱陷阱的捆缚。

∽ 说了算的和帮得上的才叫作"人脉"

无论办什么事，都一定要找对人。怎样才叫"找对人"呢？

只有当家的才能做主，不能当家的人，不管给你多大的承诺，

说得天花乱坠，最终都有可能泡汤。

我们在求助别人办事的时候，很讲究"说对话，找对人"这六个字，话说给了不该听的人，你就惹了麻烦，留了隐患，因为他可能把话到处传播；事找了说了不算的人去办，你就等于白白扔了一堆"投资"，因为他没这个能力替你办事，而你还得搭上他这层关系。另外，找错了人，也意味着那个对的人让你得罪了，将来再去找他，事情就不好办了。

事要办成，就得找对人

找不对人，你就办不成事。办事找错人的后果是什么？相信清末百日维新的那帮人一定感触最深，作为手无缚鸡之力的书生，他们要完成救国救民的大举，就得借助于军队的力量，枪杆子里出政权，没有军队的支持，就难以让皇室低头服软。这个决定是没错的，但他们找的人是袁世凯。袁世凯当面答应得很好，转身就把他们卖了，向慈禧告密，并把他们逮捕，向朝廷邀功请赏。

这当然是后果最严重的找错人。在职场当中，我们最常遇到的，就是托人办事或寻找盟友的支持。但如果所托非人，或者找的盟友其

实是对方阵营中的，结果也一定是很"惨"的。

小张想到某部门办点事，苦无门路，朋友就为他介绍了该部门的一位科长，说他一定能帮得上忙。小张就兴冲冲地去了，还买了水果一块带过去，结果这位科长忙活了半天，也没给办下来。

回来一打听，原来负责这件事的是另一位姓齐的科长，小张急忙又买了些礼品去找齐科长。白天在单位，正因为齐科长看见他是另一位跟自己有矛盾的科长领来的，才故意不给他办事的。现在见小张又来求自己，心想，这时才想起我来啦？晚了！我非出口气不可，让你们知道，这里到底谁更有分量！

出于这种心理，无论小张怎么求他，齐科长都一副公事公办的样子，愣是把这件事拖了两个月，直到小张去求了自己的上级，才把事办成。到这时，小张光送礼，就已经花了三千多元，筋疲力尽，苦不堪言。

这个故事的警示是很重要的，想找人办事，得先把备选的人分析一遍，到底哪个是一号，哪个只是二号三号，找准目标再行动，否则就可能事情办不成还挨一顿整。我们前面说过的要给自己找个靠山，道理也是一样的，一定要找那些真正有分量的，别找到最后傍了一个跑龙套的角色，给小弟当小弟，那滋味可一点也不好受！

每个人都想自己说了算

正因为此，每个人都想自己说了算，所以都想往上爬，抓实权。因为只有自己说了算，才不用求人（而是别人都来求你）。当你说了算时，你就能最大限度地满足别人的需求，从而就有了更大的资本去结盟，让别人满足你的需求。

所以，这种办事原则的背后，其实反映的是人人争权夺利的残酷现实。由于缺乏有效的监督，一些实权位置上的人简直成了没人管的山大王。人人都想坐到上面，吃个肚饱腰圆。

对待这种现象，我们第一应该保护自己，在不违法的前提下，办事要找对人；第二，坚决遏制送礼之风，如果人人都坚持不送礼，遵循法定程序去办事，也就断了那些"等着送礼"的非法念想。当处在实权位置上的人得到的非法好处越来越少时，那些唯权之风，也就得到了极大的打压，风气就会慢慢地正过来。

∽ 真相往往隐藏在深处

> 这就像单位里的男女，表面上互相开玩笑，有事的几率一般不大；相反，看起来一直严肃相待的两个人，可能关系非常密切。

这是社会中的一种奇特但并不奇怪的现象：真相往往隐藏在深处，就如同人类衣服遮掩下的欲望，最隐秘的想法你极难看到，而表面的东西只是掩饰，欺骗人们的眼睛。就像单位里的男女之间，表面上玩笑开得越大的，实际上越是啥事儿没有；而连句玩笑话都不说的男女，可能关系非常密切。

人要学会透过现象看本质，识破伪装，防止被套。表面上的往往就是假的，而背地里的真相，经常与你看到的相反。玩笑定律告诉我们，职场并不好玩，办公室其实很复杂，充满变色龙，到处都是假象！

比如，平时说说笑笑的两个人，看着跟亲密好友似的，可能却是竞争的对手。越是仇敌，表面上可能越和善，绝不是人们想象中的仇人见面分外眼红那种状态。因为职场上的人都注重面子工程，既要给对方面子，同时自己也要体现出足够的风度。

何况，办公室从来都是一个"一团和气"的场所，无论内心恶心对方到了什么程度，面子上还是要过得去的。私下两人是怎样的，常人难以看得见，只有他们心里清楚。

貂蝉的故事人人皆知了。东汉末年，王允为了除掉董卓，想了一计，就把吕布叫到自己府上，有意让他看见貌美如花的貂蝉，再许诺将她嫁给他。吕布乐坏了，谁不想娶个倾国倾城的美女当老婆啊，回家就赶紧准备。这时大家都知道他要娶王允的义女为妻了。谁知，王允又悄悄把貂蝉送给了董卓，貂蝉一下成了董卓最宠爱的女人。

对这一个惊天阴谋，一代枭雄吕布全然蒙在鼓中，后来就被王允这招美人计和连环计给套住了，直到最后杀了董卓。

可见，大家都看得到的事情，未必就是真相。有时我们亲眼见到的，也不一定就是真实的，里面往往掩盖着很多秘密，甚至是截然相反的一种走向。

在单位，那些平时很少说话的人，看着很生分，联系也不多，却可能是立场坚定的支持者。拼命掩饰的一定是不想让人知道的东西，所以越是盟友的人，就越不想让别人知道他们的关系。

这跟办公室恋情是一样的，有男女关系的人，绝少在办公室里打情骂俏。相反，你看到的是两位假正经，擦肩而过也不会说句话，没有工作交流就尽量不会接触，就像陌生人一样，有时还会让大家觉得他们之间有矛盾，是敌人，互相看不顺眼，怎么会擦出情爱的火花呢？但这都是假象。

而经常让人开玩笑的两个人，倒是很少能发展出真正的恋情。因为心里没鬼，自然接触起来就没有顾忌，该说笑时不避嫌，行为举止就很自然。如果你看到一对男女在办公室很亲密，经常勾肩搭背，你放心，他们之间超过六成的概率不会是男女关系，只不过是关系太熟了而已。

对于这个道理，我们只需记住三个关键的原则就可以了：

第一，通常你认为不会发生的，它一定会发生，并且会以你看不到的方式秘密地发生。

第二，这告诫你不要对任何人透露你对某个人的坏印象，尤其是那些平时跟你口中的"坏蛋"关系一般甚至很差的人，也许他们之间其实是密友和战友，而你不知道。

第三，不要怕被开玩笑，特别是男女关系。在办公室，男女关系不是被玩笑证实的，经常被开一下玩笑，反而是证明你清白的有力证据。

—— 怎样有逻辑地说服他人 ——

CHAPTER
NINE

团队的另一面

🎵 合作悖论：三个和尚没水吃

让三个人共同负责一件小事，虽然三个人都很努力去做，但是，事情可能没有让一个人单独去做有效率。

一件事如果让一个人做，他会做得很不错，但如果交给三个人，则效率立降，出错的概率也会增加。这就是三个人抬水没水吃，还不如轮流由一个人去提水。

共同负责，恰恰就意味着无人负责

西汉刘向编撰的历史故事集《新序》中有一句话："三人共牧一羊，羊不得食，人亦不得息。"让三个人把一只羊牵到草原上，然后命他们看好这只羊，结果怎么样？三个人累得够呛，羊饿得半死。为什么会出现这种状况呢？就是因为没分清责任。共同负责就意味着无人负责，三个人你推我阻，谁也不想具体出力，分工不明，事情就做得丢三落四。到最后你要追究责任的时候，也搞不清楚到底是谁的错。

这个故事跟《三个和尚》讲的是同样的道理，共同负责一件事，人就有推卸责任的心理，心想：反正他们也有份，我得少出点力，让他们多出力。人人偷懒，事情就懈怠了。那还不如指定一个和尚下去扛水，大家还能多少喝到一些水呢!

北宋时，有一次黄河发大水，皇帝派了两名官员共同去治水，结果是越治水患越大，一查才知道，两名官员去了之后，争执不下，都想按自己的方案来，几个月的时间，哥俩光扯皮内讧了，正事一件没办。他把两名官员调回来治罪，另派一人前去治水，坚持按一个方案治理，两个月不到，水患已然平息。

唐朝实行一套严密而有组织性的中央政治制度——三省六部制。中央设立三个省，分别为：中书省、门下省和尚书省。中书省负责起草诏令，门下省负责封驳审议，尚书省负责执行任务。尚书省又下设吏部、礼部、兵部、户部、刑部和工部六个部门，由它们负责具体执行。各个部门只负责分内的工作，分工明确，不会出现相互推诿的现象，这样就大大提高了工作效率。

这让我们联想到部门之间的扯皮推诿，根源就是分工不明，责任不清。看上去好像每个部门都有份，其实最后就是各个部门都不想出力，盼着其他部门把事情解决。责任是共同的，可事情谁也不想做。

"一人牧一羊"，效率才最高

无论做何事，责任都要细化，每个人都有各自该做的事情，并且考核要到位。从"三人牧一羊"变成"一人牧一羊"，羊能吃饱了，人也不会太累，而且还省了内耗和争斗。将共同的责任变成单个的对应责任，这对企业的管理来说，才是真正的进步。

为什么这么说呢？"一人牧一羊"，他就没有了偷懒的借口和机会，因为除了他自己，没人会帮他，他也找不到挡箭牌，所以只能完成任务再休息。如果是两个人或三个人，几个部门纠缠在一起，那就光剩扯皮了，事情就在那儿晒太阳，效率差得惊人。

当然，这并非不鼓励团队合作，而是告诉我们，合作的前提是分工明确，各自管好自己的一亩三分地。就像流水线一样，每人负责一个零件，组装起来，就是一部完整的机器，这正是最佳模式的团队合作。

只有分工明确了，工作效率才会得到提高，如果一群人干同一件事情，就像是一锅粥似的，甚至会意见不合，发生口角，这样事情怎么可能做好？

赤壁之战前夕，诸葛亮心中早已料定曹操会大败而归，为了阻截曹操的后路，他发布了这样的指令：孔明便与玄德、刘琦升帐坐定。他对赵云说："子龙可带三千军马，渡江径取乌林小路，拣树木芦苇密处埋伏。今夜四更以后，曹操必然从那条路奔走。等他军马过，就半中间放起火来。虽然不杀他尽绝，也杀一半。"

赵云说："乌林有两条路：一条通南郡，一条取荆州。不知向哪条路来？"孔明解释道："南郡势迫，曹操不敢往；必来荆州，然后大军投许昌而去。"赵云领了计就去了。孔明又唤来了张飞，对他布置道："翼德，你可领三千兵渡江，截断彝陵这条路，去葫芦谷口埋伏。曹操不敢走南彝陵，必望北彝陵去。来日雨过，必然来埋锅造饭。只看烟起，便就山边放起火来。虽然不捉得曹操，翼德这场功料也不小。"然后他又嘱咐糜竺、糜芳、刘封三个人各驾着船只，绕江剿擒败军，夺取器械。三人领计去了。最后，他又对公子刘琦说："武昌一望之地。最为紧要。公子便请回，率领所部之兵，陈于岸口。操一败必有逃来者，就而擒之，却不可轻离城郭。"

诸葛亮善于谋略的地方就在于此，他给每位将领都分派了一个任务，让他们各守其责，这样密不透风的作战计划，自然是百事百利了。若不是关羽心怀忠义，在华容道上放跑了曹操，曹操早已经是诸葛亮的瓮中之鳖了。

然而遗憾的是，很多领导并不懂得这个道理，在做事的时候还是"大锅饭"，奖励的时候却成为了某些"红人"的独角戏。这就在部门内制造了一种不公平和消极不作为的氛围。事实上，今天的社会中很多问题的发生，都是由于这个原因。"三人牧一羊"，既牺牲了效率，也牺牲了公正。

∽ 配角是大赢家

一山不容二虎，做好副手，最好的办法就是做好陪衬。否则，无论你多么卖命，也会因为"工作需要"而遭到贬谪或打压。

对于甘当配角的价值，我在很小的时候就有领悟。当时我和父亲一起去散步，外面的风很大，路边的树被吹得左右摇摆，脸更是被刮得生疼。我就很天真地问父亲："为什么不把这些树都砍了呢？你看风多大呀！"

父亲一开始让我问得一头雾水："为什么要把树都砍了？"

我说："把树砍了不就没有风了吗？"那时，我的思维认为因为树动所以才有风，而不能理解因为有了风树才会动。

父亲哈哈大笑，告诉我说："如果没有这些树，怎么能让人看到风有多大呢！"

听了父亲的解释，我才觉得，的确很有道理。应用到生活中，这就是陪衬的价值。风吹得很大，可是怎样让人们看到？就是因为有树的存在。同理，著名的"彼得原理"提出了一种"创造性不合格"的论点，就是对陪衬的另类解读。有不合格的人存在，才能体现出"合格的人"是什么样的。

当然，人们的普遍思维是当老大，不想当副手。他们觉得，去做天王老子的跟班，也不如当小山头的老大。无论什么单位，二把手都是最难做的，舒舒服服地伸直了不行，小心翼翼地缩着也没用。一个副职，太能干了，正的就不高兴，因为你功高盖主，威胁到他的地位，他就要想办法整你；太窝囊了，底下的人瞧不起你，背后就会议论你，让你夹在中间里外不是人，前途也受影响。

可是，副手的存在，恰恰就是为了给那个正职做好陪衬。副手必不可少，而当你恰巧坐在这个位置时，就要研究如何做好正职的陪衬了。要做得既让你的服务对象高兴，还得适时展现自己的能力，让下边的人佩服，让旁观的人尊重，这就是一门硬功夫了。

一山不容二虎，副职要学会当猫做驴

一座山头只能有一个王，一个部门只能有一只老虎，一块领地也只能有一头雄狮。正职首先将副职视为一种威胁，其次才是自己的助手。一个人如果做了副职领导还想不透这点，拼命表现自我的话，他离被调走就不远了。

所以，你就不得不学学"老二"哲学。在职场上若想长久，在社会中要想获得长远的发展，就不能太过急功近利了，能做到"不战而屈人之兵"才是上上之策。不论是打江山，还是做官，深谙"老二"哲学的人，永远是最后的赢家。一把手表面上看着很风光，但是他每天操心的事情自然也会很多，而且还生怕别人抢了他的位置，一天到晚提心吊胆，内心得不到放松，反倒是那些坐第二把交椅的人，识时务，懂得明哲保身，因而眼观六路，耳听八方，享尽一生的荣华富贵。

中国历史上，有许多官员尔虞我诈，都想当王，结果相互拼斗了

一辈子，最后谁都没能当上王，反而被那些默默无闻的副职们坐收渔翁之利，"枪打出头鸟"，不就是这个道理吗？

副职怎么样才叫作猫呢？有本书叫《芝麻官悟语》，是山西省一位副市长写的，他说副职要"说了动，挡得住，受得下"。说了动，就是一把手安排的工作要雷厉风行地干起来，主动配合不越位，勤奋工作不说累；挡得住，就是独立工作能力强，能为主要领导独当一面；受得下，就是受得下苦，某种程度上讲还要能受得下气。领导骂你要听着，让你背黑锅要忍着，让你蹲着你就不能伸长脖子出风头，因为苦劳是你的，风光是正职的。所以说有时副职是气死的，而不是累死的，此言一点不假。副职如果有牛脾气，就会跟正职顶牛，牛顶牛，死一只。可如果是一副猫脾气，就好办了，面对现实，把不甘心藏在胸中，慢慢努力，暗度陈仓，先让正职满意了，你早晚也能变成正职。

可以是陪衬，但千万不要做花瓶

二把手也是官，是官就要有权威，为自己创造一个晋升的通道。所以，副职也得表现。在做好陪衬的基础上，把才华体现出来。

第一，副职可以事事请示，突出一把手的权威，但要分管一摊，做好自己那一摊，事事都尽心。因为副职是一个承上启下的桥梁和纽带，既要当好正职的延伸，又要当好下面人的领头人，既要把组织和正职的指示精神传达下去，又要把下面的情况收集上来，用最恰当的方法上报。这就有点轴承的作用，所以，副职即便是轴承，也一定得是一根坚固的轴，承受得起这样的任务和压力。第二，当好正职的嘴和腿，替他传达命令，跑腿干活，也要做好正职的耳朵，对他的错误进行弥补。可以让正职觉得这都是他的功劳，但你一定要让下面的人看到你的成绩，让更上面的领导认可你的努力。

一个合格副职要遵循的三条原则：不争权、不越权、不弃权。

一个合格副职要干好的三种工作：正职想干不好干的，我干；正职该干不愿干的，我干；正职忘记干但必须干的，我干。

看到了吗，做副职确实不容易，但做好副职也有一些管用的窍门。让领导觉得你是一位合作愉快的好下手，还得警惕性很强地防范着别成为他的替罪羊。必要时，你得明哲保身。但大多数时候，你又得绿叶配红花，和领导完美地融为一体，这可是一门大学问，是非得身经百战，才能悟出的真谛啊！

∽ 眼睛向上看

> 人员超编的地方，一定是"肥缺"单位；长期缺员的地方，则往往是没人问津的"清水衙门"。

我常听到人们说一句话："水往低处流，人要往高处走。"什么是成功？其实这个最简单的道理，就讲出了成功的含义。我给这句话再加一句补充，就是"眼睛向上看"。这就是世界的真相，是这个社会的本质。我们的姿态一定要摆低，这是水往低处流，但步伐和方向，却要向上走，眼睛向上看。理想定得高一些，目标朝着更高的地方，攀登的脚步永不停歇。一个人，如果知道了这个道理，懂得了这个世界是怎么回事，并且已经知道怎么对付它，如何寻找高处，并聪明地摆低姿态，那他就必然是一位成功者。

曾国藩曾经这样评价自己，他说："我这个人近乎于'拙愚'，我很笨，我不如别人。"这样的性格就像水一样，一直流向低处，谦虚谨慎，和气待人。但他实际上是一个颇有心机的强者，他时时懂得为自己"争官"，不管是在朝中，还是丁忧在家，他从不放过任何一个晋升机会，并且敏锐地去把握机会。

我们每一个有事业心的人，当然都不会满足于现状，总是想着怎样让自己出人头地，去成为一个最优秀的人，做一个能够得到不断晋升的人。这是社会竞争的动力，也是人们拼命地编织人际关系网的原动力。因为只有这样，才能满足自己在各方面的需求和欲望。要知道，没有任何欲望和需求的人是不可能得到晋升的。

所以，人们总是挤向充满机会的地方，而远离那些没有前景的东西。在今天，人们也是想进入发展前景很好、收入很高的公司，唾弃那些工资低和没什么前途的行业、单位。

这个道理，古今都是相通的。古代的书生秀才们寒窗十载，所为何故呢？无非就是名利二字。宋朝皇帝赵恒有首诗就一语道破了古代士子发奋读书的目的：富家不用买良田，书中自有千锺粟；安居不用架高堂，书中自有黄金屋；出门莫恨无人随，书中车马多如簇；娶妻莫恨无良媒，书中自有颜如玉；男儿若遂平生志，六经勤向窗前读。

为什么人人都想着晋升和获取财富呢？不管是好人还是坏人，都会向上攀登，机会越多越好。淡泊名利的人，我们身边确实有，但少之又少。因为这是人性的本质，多数人都战胜不了山顶风景的诱惑。因此，争相上山的人多，轻松下山的人少。

晋升意味着自己人际关系网的扩展

人的地位越高、财富越多，交际面就越广。人们都想认识你，在你这里得到好处。因此，到处都是朋友，而且你是被动的，对方是主动的。你的家门被来拜访的人踏破，你的手机被人们打爆。不过，就像我们在下一章要讲到的，交际面的扩大，不代表你交际的层次会提高，也不意味着你会交到更多的朋友，这取决于你的眼光、人格和凝聚力。

晋升对人们来说意味着更大的发展机遇

山上的风景好看，所以人们想上山。站在山上，看得远，见识广，机遇也多。人都是想扩大自己未来前途的，都希望可以充分地施展、表现和被人重视，所以才追求向上走、向上看，而不是平淡无为、甘居人后。

同时，晋升一次或者事业向上一步，就等于受到了一次社会的承认和接受，也表明了现实世界对于自己的一次肯定，对自信心是很大的增强。不过，向上走、晋升、事业的拓展这些积极的心态和举动，尽管可取，却并不表明我们就可以不择手段、削尖脑袋地向上挤。我们只有遵守规则，正大光明地赢，才能赢得别人尊敬，让人无可争议。

～ "自己人" 才有执行力

新上司总要培养自己人，这样他才放心。不管是君子还是小人，坐到这个位置上，所做的事情都是如此。

这在职场中简直是人人默认的"明规则"了。旧的领导走了人，新的上司走马上任，手下却是一帮"前朝臣子"，无论做事原则还是思维方式全都是前一任的做派，在这样的情况下，新上任的领导是绝对不会放之任之的。因为新领导一上任，首先要知晓下面的情况，其次要巩固自己的势力，必定要先丰满自己的羽翼，提拔和任用"自己人"，而跟自己相对立的"前朝"的重要角色则会一个个遭到排挤，被踢出这个新联盟的圈子。

新领导总要培养自己的人，因为自己人才听话

你可能已经发现了，在所有的大企业，领导人一旦发生调动，就预示着属下的日子不太平了，它带来的影响是谁也无法左右的，即使是领导人也很难控制这种局面，每个人都在遵守着这样的规则，没有人能够避免。

"底下人"的去留升降，完全取决于他之前追随的领导对象。

北宋的神宗皇帝即位，任用王安石进行变法，王安石提出的一系列改革措施立即遭到了保守党的坚决反对。但当时王安石担任宰相，掌握朝政大权，听到有不同的声音反对自己，就雷厉风行地排挤打压保守党。

于是，守旧派的核心人物司马光因为竭力反对变法，请求离京外任；宋朝元老范缜被迫"致仕"，也就是告老还乡了；范仲淹的儿子范纯仁因反对变法而被贬到河中府做知府；御史中丞吕诲因辱骂王安石"大奸似忠，大佞似信，外示朴野，中藏巧诈"，被贬到邓州，守旧势力几乎被新党排挤殆尽。

元丰八年，宋哲宗登基即位，高太后临朝听政，将司马光召回京城，辅佐国事，仅仅几个月的时间，他将新党尽数罢黜，新法也一律废除，之前被打压的旧党又粉墨登场了。

这种戏剧性的一幕正是职场现象最直观的展示。职场游戏，或者说我们这个世界的规则，就是"轮流坐庄"，三十年河东，三十年河西，换掉的不仅是领头人，还有跟在后面的喽啰们。小到一个人，大到一个公司和国家，都无法逃脱这个规律的主宰。

许多事都是一荣俱荣、一辱俱辱。一个利益集团的领导忽然时运当头，受到提拔和重用了，他的手下们也跟着沾光，而一旦仕途不顺，自己的部属也会跟着倒台。

一旦发生职位调动，将会是一场暗潮的席涌

新领导的职位发生变动，必然引起一场激烈的暗斗。一个利益集团中本来高高在上的领导者，如果在一场权益斗争中失败，而之前遭他排挤打压的势力又死灰复燃、乘机而起，那么这个领导者会面临相当严峻的威胁和挑战。

我们可以看到，古代的官场争斗和今天的社会利益的争夺、办公室利益的大战都是一样的。新势力势必会遭到旧势力的阻碍和反击。如果皇帝能认可这种新势力的存在，他就会支持和鼓励它的发展，但是所谓"一朝天子一朝臣"，如果支持的在位者不在其位了，这股新势力失去了凭依，背后的靠山没有了，那么原来的旧势力就会疯狂反扑。

如果这股新势力地位没有得到巩固，力量也没有壮大到足以跟旧势力相抗衡的状态，那么这股新势力很可能被旧势力扼杀在摇篮之中。

商鞅在秦孝公的支持下前后进行了两次变法，使秦国迅速强大起来。但是变法万分艰难。先是与旧贵族甘龙和杜挚进行了一场辩论，商鞅背后有秦孝公撑腰，最终赢得了这场辩论的胜利。他颁行法令不久，太子就正好撞在了枪眼上，触犯了他制定的法律。商鞅道："法之不行，自上犯之。"虽然没有对太子施以刑罚，但他认为，作为太

子的授业恩师公子虔和公孙贾难辞其咎,《三字经》里说了：教不严，师之惰。没有将学生教育好，是老师的懒惰造成的，于是将此二人进行了惩罚。

后来太傅公子虔又犯了法，商鞅又将他鼻子割了去，改革措施雷厉风行。商鞅担任秦国宰相10年，招惹了无数的皇亲国戚的埋怨和仇视。不久秦孝公去世了，太子即位了。公子虔早就对他怒恨已久，孝公这一蹬腿，商鞅的靠山没有了，而自己的靠山出现了，以他为首的旧贵族开始对他发动反击了。

于是公子虔等人告发商鞅谋反，派人逮捕商鞅。商鞅逃到边境，马上就要离开秦国了，他想住旅店，可是按照他制定的法律，他住旅店必须要有凭证才行，偏偏他自己没有带。后来总算逃到魏国去了，魏国人却恨他，因为秦国变得强大了以后，就经常侵犯魏国，于是魏国将商鞅又送回了秦国，秦惠王最终将他五马分尸了。

你看，即便是商鞅这样的历史上的强力人物，也无法摆脱这种现象对于他个人命运的主宰。他在主持变法时，大量更换和任用了听话能干的自己人，才取得了成功。而在新王登基、时势变化时，他也成了这一规则的牺牲者。因为新的秦王也需要自己人，也要进行人事变动，这时的商鞅就成了之前他搬掉的那种绊脚石了。

—— 怎样有逻辑地说服他人 ——

CHAPTER
TEN

谁是你的朋友?

∽ 成就越大感情越少

我不是说这个世界没有友情，而是通过实际的生活我们会发现一个很有趣的事实：当你的社会地位越高时，你的朋友数量也越来越多，你们之间的"人情味"和感情浓度却越来越淡，更多的是利益上的捆绑，而不是君子之交了。

在富豪俱乐部和你的公司管理层中，你能发现友情的存在吗？

在涉及几十亿美元的商业谈判和资源交易时，你能看到其中有友情的影子吗？

没有，有的只是利益的交换、工具的互换，还有权力与财富的结盟。

北京有一位富商的孩子在美国毕业后，准备回国接手父业做生意，回国之前向我请教在创业之初如何搞好人际关系的问题。他问我："我在学校交到了一些很好的朋友，我在国内还有一些发小，我们的关系实在不赖。他们也都有理想、有计划，愿意跟我承担许多风险，所以我想，是不是可以借助自己的朋友资源，迈出第一步？"

对于人脉交际来说，他的想法是正确的。有朋友为何不用呢？任何成功者的创业都是成功于某种人脉资源的平台。但是，如何处理自己的人脉关系，可能才是更重要的智慧。

因此我对他说："无论怎样，你都要恪守一个原则，那就是跟任何一个人都要保持一定的距离，而不是事事交心，把全部的底牌亮给对方，一厢情愿地把对方当作你的朋友。做生意的固然离不开朋友，但如果别人在与你的交往中总是得不到好处，你就会慢慢地发现，你的朋友越来越少了。"

这个社会中，友情与利益是共存的，没利益也就没有交情，交情是有了利益来往才产生的一种"联络的借口"；而有了友情，则一定会有利益的共存，比如互相帮助，介绍机会，经济的来往，大事小事的帮忙，等等。友情在利益中产生，利益又能创造出友情。

这当然不是我们倡导的人生观，而是一种普遍的社会生态，每个人都在本能地执行这样的价值观。你想融入这个社会，就得了解这个信息，并且去精通一些处理友情和利益的方法。

明朝有一个官员，他在初中乡试时，是当地有名的文士，为人豪爽，朋友众多，而且也很照顾亲戚。但到最后他一路爬升，当了大官，进了京城，受到了皇帝的重用，反而跟当初那些发小和亲友断绝了关系，只是每隔几年回家探一次双亲。有求他帮忙的，他均拒之门外，一概不见。当年的朋友，就这样变成了陌路人。

社会尤其是职场上的朋友定律，就是如此，名利场没有朋友和亲情，只有权力和利益。一个人每升一级，人情味就会减一分；位置越高，越没人情味，有的只是利益了。人情之于权力，就像添水的酒。权力越大，添的水就越多，人情味就越稀薄无味，直到一点没有。

为什么会这样呢？因为一个人爬到了很高的位置，他更重视的将是自己的利益，而不是人情。对他来说，人情就成了一个包袱，反而是有害无益的。所以，我们反过来理解，就会发现，一个人想往上爬，初期要靠人情。而当他爬到一定的高度时，人情就成了绊脚石。他就要调整思路，抛开人情，只论利益。

第一，位置越高，求他办事的人就越多，如果还是很注重人情，那他就有摆不脱的麻烦，容易让对手抓住自己的一些见不得光的把柄。

不少掌握权柄的人，都是栽在了人情上，就像"朋友定律"讲的，不怕能力平庸，就怕朋友太多，剪不断理还乱，尤其再欠上人情债，就让人抓住了把柄。到时这些拿着"人情债"来求你办事的，你不好意思推托，犹豫之中，就踏出了犯罪的第一步。所以一旦到了很高的位置，明智之举便是挥刀斩"情丝"，让自己变得铁石心肠，不要"为情所困"，别受亲朋好友的影响，一切以利益和法规为导向，才能保得位置长久，安全无忧。

第二，权高位重之人，他们之间是利益的纽带，你死我活，要么是盟友，要么是敌人，绝对没有人情的存在空间。

张居正在成为万历首辅之前，一直是受徐阶和高拱的提拔保护的。他们联手对付严嵩父子，是坚不可摧的盟友，亦是师友关系，其情之浓，不亚于周公共和时的两位国公，他们既是工作关系，私下友情也很浓厚。

但当严氏倒台，高拱成为首辅之后，高张二人的关系就起了微妙的变化，从盟友慢慢转化成了政敌。张居正在太监冯保的帮助下，从高拱手中夺得了首辅的位置，一跃成为了大明朝的掌舵人。在这个过程中，可有人情可讲？完全没有，谁若顾及当年联手对敌的情谊，对对方心慈手软，恐怕谁就会一败涂地。

职场就是这样，以利益为纽带，利益联系着每一个人。关系既复杂又单纯，复杂到可以笑里藏刀，今天是盟友，明天是敌人。无他，都是利益在作祟，每个人都在以利益为导向，构建自己的关系。

那么人情又算什么？在职场中，人情在更多的时候只是一种可有可无的装饰，是人们用来笼络对方的工具。而当人们的地位越来越高时，就会公开地撇去人情世故，只有唯利是图和"唯权是图"了。人情关系只存在于他们与亲人之间，而且变得越来越稀薄，对他们的思维和选择起不到太多的决定作用。

职场上的人最需要的是什么呢？综上所述，本质上就是利益，而不是朋友。一个人有 20 万，就想还有 200 万、2000 万，欲望永远都不会满足。如果朋友可以为他的欲望添上一双翅膀，那么"朋友"就是好东西，越多越好；如果不能，友情在他看来，就如同一碗白水，可有可无。

∽ 信任为何这么难？

朋友难交，但是更难处；诚信难建，却很易毁。信任是凝聚力量的核心因素，但也是一种让你容易犯错的微妙感情。因此，必须十分小心我们身边的烂苹果，信任烂苹果的下场将是十分可悲的。邪恶的朋友不可交，交了就不要去冒犯，最好远远地离开他们。而且，千万不要把信任交付给那些本身就不值得你信任的人。相信我，他不但会毁掉你的好心情，还会让你从此不敢相信感情。

信任很高贵，所以很少有人真的具备这种品质。因此在现实中我们会发现，一份友情建立起来很难，但是把它毁掉很容易。我相信多数人都有这种感慨："和朋友相处了六七年，才建立成了这种深厚的友谊，多不容易啊！但因为一件小事，我们的关系就变得冷漠了，实在难以理解！"

之所以出现这样的问题，其实是有两方面的原因：

第一，朋友之间的信任是很难的，关系再深，也是人心隔肚皮，世上很难找到那种无条件信任、永远都不会怀疑你的朋友。

对此，我自己就深有体会。几年前，我有一位相交十几年的好朋友到美国来工作，因为他刚离婚，分了财产，变得一无所有，所以经济比较困难。到华盛顿后，他给我打了一个电话，希望我能借给他一些钱。

接到电话时，我正在开会讨论一个很重要的案子。我很想帮他，但当时会议吵得厉害，眼看收拾不住。我就对他说："等一下，半小时后我给你打回去。"挂断电话后，会议又整整吵了一个多小时，摆平工作后，我急忙拨打朋友的电话，问他需要多少钱，朋友却有些不高兴地说："不用了，我自己想办法。"

我立刻就意识到，他误会了我。他可能等到半小时后，发现我没有回电，就以为我根本不想借钱，所以才采用这种拖延的方法，让他知难而退。这就是朋友之间的信任出了问题，说明他对我缺乏了解，从而导致了误解。换成许多人，可能这时就顺水推舟，这钱就不借了。但我知道，这样只会让我失去一个好朋友。

因此，我立刻开车去了他的住处，当面向他解释，然后排除了误解。第二天，我把钱送到了他的手上，又帮他联系了一位不错的房东，为他更换了更好的住址。现在，每次谈到这件事，我们都会相视一笑。他感慨地说："人与人之间的关系，不管是多么亲密，其实在一些关键的时刻，还是像一张薄纸般脆弱。"

人与人之间的诚信难建——可能需要十几年才能完全建立起来，但如果你要想毁掉它，只需借用一件小事就可以做到了。因此，在社会上交朋友，与朋友相处，在这些小节方面，就需要格外注意，不要让人产生误判。

第二，你可能交到了一个假朋友。有些人因为一件小事的不快，就跟你断绝关系，甚至与你反目成仇，想办法报复你。这只能说明你交到了一个伪君子、小人，他们是朋友中的烂苹果。

为大唐中兴立下赫赫战功的唐朝名将郭子仪，不仅在战场上得心应手，而且在待人处世方面也是高手。郭子仪与人打交道的秘诀就是："宁得罪君子，不得罪小人。"

"安史之乱"平定后，立下大功并且身居高位的郭子仪并不居功自傲，为防小人嫉妒，他反而比原来更加小心。有一次，郭子仪生病卧床，有个叫卢杞的官员前来拜访。此人相貌奇丑，生就一副铁青脸，脸形宽短，鼻子扁平，两个鼻孔朝天，眼睛小得出奇，世人都把他看成是个活鬼。正因为如此，一般妇女看到他这副尊容都不免掩口失笑。郭子仪听到门人的通报，马上下令左右姬妾都退到后堂去，不要露面，他独自一人招呼。卢杞走后，姬妾们又回到病榻前问郭子仪："许多官员都来探望您，您从来不让我们躲避，为什么此人前来就让我们都躲起来呢？"

郭子仪微笑着说："你们有所不知，这个人相貌极为丑陋，而内心又十分阴险。你们看到他万一忍不住失声发笑，那么他一定会记恨在心，如果此人将来掌权，我们的家族就要遭殃了。"郭子仪对卢杞这人太了解了，所以在与他打交道时便加倍小心。

后来，卢杞当了宰相，极尽报复之能事，把所有以前得罪过他的人统统陷害掉，唯独对郭子仪比较尊重，没有动他一根毫毛。

郭子仪的精明老到，由此可见一斑。在本性邪恶的人面前，不能不多长点心眼，即使有再多的不屑和不满，也不能当面表现出来。须知，得罪一个为人光明磊落、胸襟宽广的君子事小，得罪气量极小、报复欲望奇强的恶人就事大了。

那些邪恶的人可能会因为你的冒犯而怀恨在心，在今后的日子里，他将圆瞪双目地盯牢你，动用各种手段来算计你。

∽ 利益决定了他是不是你的朋友

春风得意，真朋友和假朋友一起来祝贺，其中有希望可以捞到一杯羹的，也有假意逢迎的。落马的时候，只有真朋友陪在身边，分羹的唯恐被殃及卷入其中，早跑得无影无踪，假意逢迎的则变成了落井下石的家伙。

现在想交到一个朋友确实很难，交真正的朋友更是难上加难。

为什么这么说呢？因为人们大多把朋友当作工具，当作一种功利资源，是有需要时可以求助的人，而不是将其作为一种纯粹的精神需求。而且你会发现，一个人的职位越高，朋友就越少；地位达到最高时，可能你的身边一个朋友都没了，即使以前的真朋友，也因为你的变化太大，而离你远去；趋近你的，围着你转的，不是小人，就是想通过你得到源源不断的利益的人。

这些人对你曲意逢迎，鞍前马后忙得不亦乐乎，但只要你一落马，他们立刻如同树倒猢狲散，跑得无影无踪。最后留下来的那个人，才是你真正的朋友。这就是朋友在社会上很现实的体现。

你也许现在觉得自己朋友遍布天下，那是因为你正春风得意，事业如日中天，财富和地位保证了你的友情库是充盈的。但是有朝一日，你失去了拥有的这些财富和地位呢？那时你可以看看，自己真正的朋友到底有多少。

有一位中年男子，曾在电视节目中诉说自己的经历。十几年前，他从事保健品的营销工作，在圈子里算是不大不小的富翁级别的人物。那时，他的通讯录有两个厚厚的本子，还有上千个手机号码，朋友多得他都记不清名字，他经常与各种人外出消费，喝酒唱歌。他对于自己的"交际能力"很自豪："你看我，朋友这么多！谁能像我一样？"

后来他的生意突然出了问题，不但转眼之间就血本无归，他还欠了巨额的银行债务。银行的催款电话像追魂铃一样搅得他夜不能寐。他自尊心很强，即使这样他也没想过要去开口求人，直到他实在熬不住了，终于涨红着脸打电话向朋友艰难地开口借钱。

但是做梦也没想到的是，他借来借去，竟然一分钱都没有借到！电话那头一听他的来意，不是支支吾吾，就是顾左右而言他，反正理由是层出不穷、五花八门。以前一起称兄道弟的"朋友"，好像一夜之间也变成了陌生人，有的拒接他的电话，有的甚至干脆更换了电话号码。

这位历经了沧桑的中年男人叹息着说："我当时极为震惊，进而感到无比悲哀。我悲哀的并不是没有借到钱，而是悲哀自己这么多年对于'朋友'这两个字的信念在瞬间就坍塌了，我感觉自己做人很失败，对生活的认识很肤浅，那种虚无与沮丧的感觉无以言表。"

他走投无路，只好厚着脸皮向老家的父母求助。结果，他的家人卖掉了房子，凑了一些钱帮他渡过了难关。直到几年前，他才重整旗鼓，又慢慢地爬了起来。

现在，他好像变了一个人。以前他经常为了应酬朋友而深夜不归，把自己的整个家庭都撂给妻子一个人，十分在意那些"朋友"的感受。但是现在，他除了生意上必不可少的往来，已经很少为了赴朋友之约而冷落家人了。

他说："现在每当我听到有些人颇为自豪地说他的朋友有多少，名片得用柜子装时，我就淡淡一笑，心想他还没看透呢。"

在职场、商场，还有实际的生活中，往往都只有利益。友情是利益的装饰品，利益则是友情的基础。只有那些经历过大起大落、在逆境中打过滚的人，才会明白这个道理。

有人说，真正的朋友，一是可以随时借钱的，二是可以随时打电话的。想想看确实有道理，但在职场，这两者都靠不住，因为你春风得意时，每个人都想借给你钱，都想随时接到你的电话，一旦你出了事，情况就不同了。有钱的变成了"穷鬼"，有时间的成了"大忙人"，平时跟你熟的瞬间化为"陌路人"。到那时你才知道，原来他们都是假朋友，以前的热情不过是在演戏。

因此我们才说，人与人之间有的只是利益，没有朋友关系。双方有共同的利益需要时，就会结成盟友、死党；当利益相对或者消失时，马上就会变成不共戴天的仇人或者冷漠无情的不相干者。

《三国演义》中，刘备跟吕布的关系一度不错，还曾经一起并肩战斗。在吕布困难时，刘备收留了他，但吕布得寸进尺，占了刘备的地盘。于是，当曹操把吕布抓住，准备砍他的脑袋时，吕布求刘备为自己说句好话，刘备把头一歪，心想这时不借别人的手除了他，日后还得披着朋友的皮干欺负人的事，不救！

自身的利益需要，决定了我们会跟什么样的人做"朋友"或者做"敌人"。在职场，很多人好得穿一条裤子，不过都是在逢场作戏。

战国时期，李斯和韩非子都是荀子的学生，搁今天这就是老同学啊！关系那肯定是不一般的。

后来韩非子到了秦国，李斯跟他相处得也不错，外人看起来，他们既是同学，又是同僚，是很坚固的盟友关系。但最后，因为在是否灭韩上的分歧，外加李斯嫉妒韩非子的才能，生怕他将自己取而代之，李斯就把韩非子给害死了。这就是典型的利益冲突改变了朋友关系的案例。

朋友到底是什么？事实上，大多数情况下，你都会拥有不错的朋友，他们与你情感相依，互相帮助。但这建立在你的生活平稳的基础上，至少你的生活没有经历太大的起伏与波动。这时，你能够提供稳定的利益——由此建立的朋友关系也通常是稳定的。因此，与其说你拥有许多朋友，不如说你和许多人建立了稳定的利益合作关系。

这样的说法虽然听起来刺耳，但总比你天真地相信"朋友与利益无关"的鬼话要强。它可以让你保持清醒，以免你掉进一些专门为你设立的陷阱中。一个人一旦被感情冲昏了头脑,就很有可能栽在对于朋友的信任上。

∾ "请记住那个从水里把你拉上岸的人!"

我们要想看清谁是自己真正的朋友,就得在逆境中去检验,而不是在顺境中审视。一个人无比倒霉时,你看看是谁还站在他身边,和他并肩战斗,在一起承担风险,谁就是他的朋友。相反,那些总是在顺境时出现你身边、在逆境时消失得无影无踪的家伙,是不值得你付出感情的。

每个人都尤其需要珍惜从水里把自己拉上岸的人,他就是你的后路,也是你可以依赖一生的朋友。那些愿意在你处于逆境时倾尽全力来帮助你的人,比在顺境时给你送钱的人重要一万倍!你要知道,在你风光发达时帮助你的人,没有承担什么风险,反而会有很好的回报;在你落入水中时过来拉你一把的人,却冒着和你一起掉下水的危险。

因此,逆境中还能和你保持友情的人,才是经得起考验的朋友。

唐代有一个官员叫许胜,他春风得意之时,前呼后拥,什么阿猫阿狗都来了。许胜的眼光当然很高了,他瞧不上那些以前读书时结识的穷哥们，对他们的态度变得很冷漠，还特意交代门房，有当年的两位穷哥们前来拜访时，就说自己不在家，别让那些人进来。他专营于巴结上司，结交权贵，一心只想往上爬。

但是突然有一天，他得罪了长安的一位皇亲国戚，被夺去官职，下到大牢，被折磨得半死才被放出来。虽然被证明是冤枉的，但经此一事，同僚们再没人敢与他交往了，他的官运也就到了头。你想想，让皇家看着不爽的人，谁还会提拔他？

许胜愤郁良久，什么招都使了，眼见混不下去，只好辞官回了乡。昔日的荣光，变成了今时的落魄，老家那些前阵子还攀附他的乡绅，也装着不认识他了。只有被他拒之门外的那两位穷哥们，凑钱买了酒和肉过来看望他，不但热情如故，还劝他不要灰心，应该等待机会卷土重来。

许胜握着他们的手，痛哭流涕："当日我还将你们挡在门外，现在才知道，我关在门外的，才是真正的宝玉！留在房内的，不过是粪土一堆啊！"

从这个故事你就可以看到，顺境时的朋友水分大，逆境时的良友才是金石。每个人都应该为自己储备几个这样的至交好友，无论遇到什么情况，都能始终站在身边，给你强有力的支持。人在职场，狐朋狗友不能少（他们有利用的价值），君子之交亦需有（体现风度和境界），而能拉你出水的"救命友"，则是最不可缺少的！一个人，只有拥有了这样的朋友，才有资格在外面混！

有一位朋友对我讲过一件他亲身经历的事。有一次，他接到自己的一位好友赵先生的电话，开口向他借钱："我遇上了一点急事，手头缺点钱，你能否借我 5 万元救一下急呢？半个月内我一定还给你。"

朋友对我说，当时他一度很犹豫，因为他与这位赵先生虽比较谈得来，平时也有一定的交往，但并不是非常亲密的关系，业务上也没有联系。换句话说，他和赵先生只是君子之交，没有金钱的来往。但他思索再三，还是决定帮这个忙，于是回话道："赵先生，我现在有事，晚一点我给你打电话吧。"半小时后，他果真回复了电话，要来了赵先生的银行账号，按其所需如数地打款过去。

一周之后，赵先生就将借款如数奉还，并请他去餐厅小坐以表谢意。在席间，赵先生对我这位朋友说："那天你挂断我的电话说再给我回话时，我都已经完全不抱希望了，因为当时我是按照朋友关系的远近打的电话，你排到了第 9 个，我和前面 8 个人的关系比和你要亲近得多，他们是我平时的铁哥们，但让我意外的是，当我真的遇上困难时，他们一点忙都帮不上，一分钱都不借给我。我当时甚至向他们开口，说他们每人借给我 1000 块，合起来就有 8000 块了。结果呢？让我万分寒心，因为这样的请求也遭遇了拒绝。看来人只有在自己落水时，才知道什么叫作朋友。"

我这位朋友的这段经历，实在是对于"真朋友"画龙点睛的评价。我在创建公司的过程中，对此也有极深的感悟。在初期，因为资金极度缺乏，就连桌椅都是公司租来的，有时连员工的薪水都无法发齐。这时，我在自己的关系圈中显然成了一个脸上写着"我想借钱"的人，于是我发现，每当我出现在朋友聚会的场合时，总有一些人突然以各种理由早退，对我退避三舍，甚至连招呼都不打，就赶紧离开；有的人则换了电话号码也没有通知我，当我打他们的电话希望一起小聚时却听到了"空号"的回复。

但是，公司的第一位合伙人凯文在此时认识了我。他在一次商业宴会中通过朋友的介绍，知道了我正为资金的事发愁，就在其他人对我避之唯恐不及时，他主动把名片递给了我。在听我介绍完公司的情况后，凯文对我说："我愿意免息借给您 50 万美元，您只要在 3 年内还给我就行了，我不收取任何回报。"

他的眼睛是真诚的。事实上，在当时看来，我甚至发现他的身上闪烁着上帝的光芒，就像一个落水的狼狈家伙就要沉入河底之际，突然被岸上的一个人抓住了求救的双手。这样的行为是多么神圣！而且他还提出不要任何好处。我答应了凯文的帮助请求，但我拒绝了他不要利息的举动，而是邀他入伙，请他成为公司的第一大股东。但是 3 年后，凯文还是把控股权还给了我——出于对我的尊重，他只收取了 5% 的年息。现在，我们已经是生死之交，彼此分享许多秘密信息，并会在任何时刻以任何方式帮助对方。

人们在顺境和春风得意时，朋友是很多的，但处于逆境时、掉进水里时，才会发现，那些所谓的朋友不过都是披着朋友的皮，来追求利益的，想在你这里捞得一些好处，占得一些不费功夫的便宜而已。

后记 **人与人相处的本质**

　　以我的经验看，一个人想在今天的世界活得好、活得幸福，方法其实很简单，你只要让自己看起来和人们是"同类动物"就可以了。人们都喜欢同类，排斥异类，把拥有的与同类分享，而把敌意和刀子送给异类。国与国，人与人，动物与动物，莫不如此。

　　但是，真的做起来我们又经常发现，这太难了！为什么呢？因为每个人都有自己的个性。换言之，人的性格、欲求、希望以及面临的情势总有诸多的不同和差异。所以，你当然不想变成"我"，或站在我的角度思考一件事情。我也并不会真正地将自己变成"你"，用你的思维和立场来思考问题。

　　换位思考总是极难的，每个人都站在自己的院子里，带着窥视和窃取的目的观察对方的院子，考虑的是用什么办法扩大自己的院子，而不是把双方的院子连成一体。一件事情尚且有或大或小的分歧，何况许多的事情串联起来，在漫长的社会化生活中还要让一个人变得像水一样柔软、像风中的花草一样总是摆向其他的方向，那真的是无比艰难！

"我想做我自己，我不想跟你一样！"

"嘿，你不是我的人，我对你有着警惕！"

"为什么你不同意我的想法？我认为方案 A 才是对的。"

"你侵犯了我的利益！"

"这是我的地盘，请你不要靠近。"

你看，隔阂就这样产生，并且越拉越大了。

有一次，我参加一家企业的管理层培训，顺便去看望了我的大学导师。导师跟我讲了一件他不久前的见闻：他的两个得意弟子，在大学时是一对亲密无间的好朋友，共同研究学术项目，成绩斐然。但是工作以后不到半年，就势同水火，互不相容，关系搞得很糟，而且各自的前程也都耽误了。究其原因，也不过都是一些微不足道的琐碎小事，可是导致的裂痕十分惊人，直接促使两人分道扬镳，再也不把对方视为知交好友，从以前的合作者变成了今天"有你没我"的竞争对手。

导师对我说："当人走进社会以后，原本并不起眼的很多细节就变得陡然重要起来。它们在昨天不值一文，丝毫不会影响人们之间的关系，这时却突然成了左右人们情绪和影响人与人之间关系前景的拦路石。同样的一件事会在社会环境的变化中进行动态的发展，昨天不在乎的事情，今天可能就让人们非常计较。这不但是信任和取舍的问题，更关系到你们对这个世界的认识，对互相的价值观和个性的理解。这对一个人能否适应社会、驾驭社会并成功地取得成功，有非常重要的影响。"

可能许多人想表达和想追求的是如何在这个社会中混出来，在激烈的竞争中怎样取得成功，名利双收。金钱、名声和地位也许是更多人关注的重点。但其实，在社会中如鱼得水，并不代表着你要获得多么巨大的物质成功，或者拥有多么高的名声。

人们最关键的目标，应该是让自己的做法、生活态度和为人处世的原则获得人们的认可——至少是你身边的人，使你在你的圈子里得到一片立足之地，让他们在谈及你的时候，至少不会充满鄙视，而是由衷地萌生一种敬意。

或者，当人们提到你的名字时，大家会不由自主地觉得："这个人还不错。"我们可以扪心自问，即便得到这么一句简单的评价，能做到的又有几个呢？恐怕大多数人对此并不自信吧！因此，做人做事的目标有时就是这么单纯，不过是让自己在大众的眼中得到一个起码不坏的评价，这已是很大的成功。

做一个好人，同时也做一个让恶人和坏人惧怕的人，你就能在社会中混出一片天地。当然，这不意味着你会有多少朋友，能取得多大的物质成就，比如升职和赚钱，而是说，你为自己的人生发展奠定了一个非常雄厚的基础，得到了一把打开社会宝库的钥匙：里面应有尽有，你尽可以施展才华，通过正大光明的手段争取你应得的收获！

请相信，本书决不会教给你"治国平天下"的手段——我们没有这个能力和野心，也无此必要；本书也不会让你学会"对付好人"和"不择手段"——这并非玩转社会与获取世俗成功的最好的办法，尽管我们必须用一些非常规策略保护自己，但也仅限于自卫而已。

我们在本书中谈到的，都是一些无害而又聪明的生存谋略。它们会帮助你更加清醒地认识这个世界的本质，尤其是人与人之间的关系，从而使你可以制定贴近实际的事业、友情和同僚策略。协助每一个人在跨进社会时做好自己的定位，并让自己的每一步都尽可能地少犯错误、少走弯路。

高　德

附录 **说服和影响他人的经典法则**

关键词：权力、能力和影响力

　　○有些人虽然实际的权力并不大，但他的魄力、智力和人格能够给人产生强大的权威感，强大的权威感有时会放大和扩展一个人的实际权力，并使他具备真正的影响力。不过，一般情况下，权力与权威的大小是基本对等的。

　　○权力就是支配力，权威就是影响力。小到一个家庭、一对人际关系，大到一个部门、一家公司、一个国家，权力与权威的本质都是相同的，不会有任何变化。

　　○一个人越是向你炫耀他的力量，说明他的内心就越缺少安全感——他已经失去自信，对他所拥有的能力一点都没有信心。对这样的人，你只要稍加以压力，就能影响和改变他，并且利用他达到目的。

　　○总是经常展示自己强大的人，是最不可信的。他们极容易背叛，也会在最关键的时刻突然变得无比脆弱。因为他们的内心就是由没有原则、信仰和脆弱的意志力组成的。缺少什么的人，就喜欢炫耀什么。所以，不要跟这种人打交道，也不要与他共事。在必要的时候，你可以毫不留情地击倒他们，这种人一旦失败，就会失去重新再来和发动反击的能力，他们的精神是虚无的、意志是崩溃的，难以成为你在社会上的对手。

○职位可以增加人的权力，帮他穿上漂亮的衣服，但增加不了他的权威；职位也可以增加人的力量，让他看起来很强壮，但增加不了他的实际能力。

○一切有权力的人都觉得自己很有能力，并且容易滥用他手中的权力。这是万古不易的一条经验。要防止受到这些人的伤害，你要么和他们保持足够的距离，要么就和他们站到一个篮子里。

○如果你是一个领袖级别的人物，或者你正带领一些人去做某件事，你的任务就是一只手抓一把种子，另一只手拿水和化肥，让这些种子生根发芽、茁壮成长——让你周围的人不断地成长、发展、创新，而不是控制他们。你要选择那些精力旺盛，能够用激情感染别人并且具有决断和执行能力的人才。反过来说，如果人们都把自己的领导者当成一个皇帝，从长远来说这个团队是绝对不会成功的。这里没有前途可言，只有马屁精、小报告和数不尽的是非。

○当一个人更多的行动总是缺乏道德约束时，他也将伤害到更多的人。对这种人，尽快跟他划清界限，不要走进他的生活，也不要让他走进你的生活。短视近利的行事手段将伤害一个人的长期能力，也将使他对自己的圈子没有丝毫影响力，在这个社会中的生存空间也越来越小。

○潜规则在全世界都是一样的，它的实质就是权力与意志的规则。权力是一种力量，谁的手里握有权力，谁就可以凭借权力的强制性，去实施一定的利益意志，制定规则，并使他人的行为顺从自己的利益和意志，即使这种利益意志背离了公平与公正。

○"说你行，你就行，不行也行；说你不行，就不行，行也不行。"这是用人中的潜规则，同时也是社会对于"能力"的界定。如果你想看看自己的能力处于哪一个层次，在你陶醉地欣赏自己学历的同时，也要想想这句话，这样你才能明白为什么同样水平的人获得的回报和得到的机会有天壤之别。

关键词：应酬和饭局

○"应酬"并不是一种生活状态，而是一种必要的生存方式。所以，当一个丈夫的应酬很多时，妻子千万不要抱怨和指责他，因为这是他用来保证家庭收入和养活老婆孩子的非常无奈的办法。

○对待饭局的态度和参加应酬的目标，决定一个人所处的阶层：草根饭局的核心在于"饭"，他们是去吃饭聊天的；精英饭局的核心则在于局，他们的目标不是菜和酒，而是背后的关系和机遇。

○有人做过一个统计：对于多数的管理者来说，他们70%的时间精力都要用于应酬，只有30%的时间精力才能拿来用于处理公事。

○应酬是一把双刃剑，没有不行，太多了也伤身。应酬的收获，不是取决于数量，而是决定于效率。去应酬什么样的人，比参加了多少活动更为重要。

○如果你实在不能说服对手，就要把对手绕糊涂。不管对手有多糊涂，你自己都要保持清醒，时刻准备发动致命一击，在最有利于你的时候切入正题，拿下对方。这是应酬和交际的软战略，是人们剑走偏锋的奇招。

○应酬有时需要高明的文字游戏,这是我们对别人"说不服就绕糊涂"的另一招,也是中国社会场面交际的"老传统":如同求签问卦,"神代表"的答案永远是"天机不可泄露",永远模棱两可,怎么理解都行,永远让你费尽心机琢磨,永远让你事后才"恍然大悟",只能当"事后诸葛亮"。

○反复对你承诺的人,他们答应你的事情,多是不容易兑现的。那些容易兑现的事情,从来用不着反复承诺,只需要一次就够了。因此,与其相信他人的承诺,不如盯着他最后的行动。承诺再多也无用,行动只要一次。

○如果你的交际没有效率,不管你进行多少应酬,都是毫无价值的。除了浪费时间和精力,消耗金钱,对你的生活没有一点助益。

关键词:站队和博弈

○人人都明白一朝天子一朝臣,因此跟领导走得太近了不行,离得太远也不行。跟得太近了怕站错队,一旦大树倒下,大难就会临头;离得太远也不行,好处永远得不到多少,坏事却一点少不了。

○集体领导中的潜规则:"顺向思维"或"违心表态",其表现是在讨论问题时,只要不牵涉个人利益,一些管理团队的成员总是尽量避免产生分歧,人云亦云;当讨论中出现意见分歧时,一些成员要么采取"和稀泥"的办法加以平息,要么找借口躲避。你可以看看,自己是什么样的人,你的上司和同事又是什么样的人呢?

○在一棵树上吊死的人都是傻子。不要把自己的利益决定权交付给任何一方,也不要太过明显地表明你的立场。脚踏两只船,用到我们的情感生活中似乎不太明智,但用到生存和人际关系的周旋上,不失为一大高明的方略。

○为自己找靠山也需要一种平衡的艺术，你既要左顾右盼，照顾到方方面面的利益，又要瞻前顾后，考虑到事情的前因后果，然后在不同的时候为自己寻找不同的依靠。大树底下好乘凉，并不是让你只傍一棵树，也不是让你在找到一座靠山时，得罪了另一座山。

○近水楼台先得月，跟着靠山好发财。如果你白天给曹操这样的人开车，晚上给他当保镖，战场上给他挨箭，酒场上给他挡酒，他还能不记得你的好吗？当然，如果你的靠山是一个过河拆桥的人，那就另当别论了。所以，楼台要找坚固的，靠山要找安全的。

○职场说白了，就是一个站队的学问，如何在恰当的时机表忠心，以及向谁表明你的忠诚，决定了你能在职场混到什么样的高度。玩转社会，本质上就是要为自己选择一个阵营。只要阵营选对了，事半功倍；如果阵营选错了，事倍功半不说，还可能永无出头之日了。

○你的地位也就取决于站队时你离队长的"距离"。位置、资历、个人交情、对别人的影响程度、在组织中的活跃程度等，往往是测定这种距离的主要因素，人们在这种既定的距离中维持一种平衡。在原有的平衡即将被打破、新的平衡还没有建立的时候，站队就显得尤其关键，如果此时站错队，你可能再也没有改错的机会了。

○有时，我们也要有从头再来的勇气。假如你真是不幸排错了队，傍错了靠山，找错了大树，你也不能气馁。只要不是一错再错，总还是面临着机会，只是等待的时机和价值不相同罢了。

○一个人不可能永远站在中线，既要维护已有的清名和道德立场，又要享受伸手即可得到的实惠。中庸固然是一种很好的智慧，但没有天上掉馅饼的事，每个人的一生中都要面临无数次站队的难题。俗话说"有得必有失"，有些事你总得做出一个选择。站队就是一个归属和选择的问题，站进队后，成员之间就要互相帮助、相互扶持。

○站错了队的下场，有时是很可怕的。有些倒霉的文臣武将往往就是因为站错了队，辅错了皇子，而面临艰难的选择，有的甚至付出了身家性命。人生的灿烂取决于许多复杂的变数，有时自己也不能左右；站队有时候是身不由己，有时候又需眼疾手快。

关键词：表演、个性和共性

○中国的川剧演员有一种绝活，叫作变脸。演员在台上表演，眨眼间就变出一个又一个不同的脸谱，令人眼花缭乱、拍案叫绝。我想，变脸是一门艺术，每个人在社会中也是如此。在漫长的岁月中，每个人都不知不觉地学会了变脸术，脸色会根据需要灵活机动地变幻，其花样品种要比舞台上的演员多得多。

○该说话时说话是一种水平，不该说话时不说话是一种聪明，知道什么时候该说话、什么时候不该说话是一种城府；该干时会干是一种能力，不该干时绝对不干则是一种智慧，知道什么时候该干、什么时候不该干是一种成熟；该靠前时靠前是一种派头，不该靠前时不靠前是一种知趣，知道什么时候该靠前、什么时候不该靠前是一种修炼；能当狮子是一种威仪，能当狐狸是一种谋略，知道什么时候该当狮子、什么时候该当狐狸是一种素养。这就是人们的演技。演技纯熟的人，在社会中就滴水不漏，很难被人抓住把柄，而且总能处于一种可进可退的优势地位。

○千万不要鄙视那些"傻瓜"式的人物，因为装傻才是一种人生的大智慧。每个人都希望比别人显得更聪明，人人都这样，所以你装傻就可以满足他们的这种心理。他们会感觉自己很聪明，至少比你聪明一些。一旦他意识到这一点，他将再也不会怀疑你可能有更加重要的目的，而且也容易满足你提出的一些请求。

○社会很复杂，像一个万花筒，千变万化。一个人在复杂莫测的变幻之中，要用足够的聪明智慧来权衡利弊，以防失手于人。但是，人有时候不如以静观动，守拙若愚，避免因为主动出击而出现低级失误。这种处事的艺术其实比聪明和主动还要胜出一筹。

○聪明是天赋的智慧，装傻是后天的聪明，人贵在能集聪明与愚钝于一身，需要聪明时便聪明，该装傻处且装傻，才能随机应变、事事占先。

○当你觉得自己比别人聪明百倍时，你肯定比别人愚蠢万分；当你觉得自己比别人笨得多时，恭喜你，你已经开始变得聪明了。

○除了装傻，有时我们还得装明白。不明白的时候装得很聪明，才能吓退别人；在真明白时，则又要装糊涂，才能迷惑别人。

○对一个人来说，在修饰打扮上花费的时间有多少，就说明他需要掩饰的缺点有多少。

○越是会吹牛的人，其实越是容易得到重用，尽管他早晚露馅。

○只有会装傻的人才是容易合作的，不会装傻的人也不懂得合作。也只有懂得装聪明的人，才是可以拿来当助理的，让这样的人配合你的工作，最容易树立你的权威。装聪明和装傻合二为一的人，就可以成为一名合格的管理者了，他们可以很轻易地在下属中树立自己的威信，并使人们在感受到他的锋芒的同时，又能体验到他的亲和力。

关键词：价值与背景

○一个下属在工作中越是感到自己有能力和有效率，在完成工作时就越不想要你的命令和指挥。相反，那些认为自己能力不强的下属，在工作中往往需要你进行更多的指示和命令，才会采取具体的行动。因为他们首先不自信，其次不敢承担责任。

○需要上司的指挥越少的下属，他们的能力就越高。最成功的上司，恰恰是不用多对下属指手画脚的上司；而最出色的下属，也正是不想要命令和指挥的下属。当然还有另一种可能：有些糊涂上司不知道自己该如何去指挥，有些个性太强的下属即便没有能力，也不想得到上司的干涉——他们最容易把事情搞得一团糟。

○一个人要想具有真正的价值，就要始终注意去提升自己的分量，让自己比别人更加高大，这样才能赢得别人的肯定。有一位企业家这样说过：当你比别人强一点点时，别人会嫉妒你；当你比别人强出一大截时，别人就会真正地羡慕你；当你比别人强出一大段，让他们根本追不上你、只能仰望你时，别人就会自动地向你看齐了，没人敢再质疑你。

○只有当你真正地成为不可取代的人时，你的缺席才会对别人产生深刻的意义。因为你已经是某个群体中不可缺少的一员。当人们离了你就什么事都做不成时，是对你自身价值的最好说明。如果人们觉得有没有你无所谓，那么你就距离被他们抛弃不远了。

○苦干的不如巧干的；干的不如看的，看的不如捣蛋的。这是一种普遍存在的现实。所以你会慢慢地发现，那些混得好的，不一定就是能力强的，在生活和工作中总是原地踏步的，也不一定就是低能的。社会就是这么不公平，但这也是你的机会，说明有许多技巧可以让你走得更快、混得更好，如果你认为自己能力不是很强的话。

○窝里人不认可的人，他们越往外走越行。许多人在某一个群体内表现不出自己的能力，但换一个地方，立马就风生水起。这就是"树挪死，人挪活"！

○大家都觉得这个人应该被提拔的时候，这个人肯定是得不到提拔的；只有公司的一把手觉得这个人应该被提拔的时候，这个人才会得到提拔。这表明，一个人的价值的大小，经常不是多数人说了算，而是说了算的人才有发言权。

○站起来的次数，要比被击倒的次数多一次。如果你能做到这样，你就已经很成功了。因为这个世界上的大多数人，都是相反的：被击倒的次数，比自己站起来的次数多了太多。

○当有人到处议论你不如他的时候，那你就一定在某些方面比他更成功，因此才让他感到嫉妒，才想去散播你的负面形象。

关键词：权威与等级

○从古至今，从今天到未来，人类都永远生活在一个等级森严的社会中。这一点不可能从根本上改变，只会在等级的区分上有所不同。认识到等级社会的本质，你才能真正体会权威的价值，以及它应怎样具备。

○太熟悉了就会产生轻蔑，神秘则能产生敬畏。古今中外许多人都知道这个道理。但真要做起来，这分寸感可就不大好把握。要真正做到"不怒自威，亲而难犯"，建立一种很稳定的权威，对多数人来说，的确不是一件容易的事。"畏"到最后和"威"到最后，都是一个结果：人家惹不起还是可以躲得起的。

〇因此，亲和力扮演到什么份上，不会让下属伸手便摸你的脑壳，把你当作他的"哥们"？神秘到什么地步，手下人愿意没有怨言地帮你做事，并且不会在最后把事情给办错了？这些都是亘古的难题。要在其中如鱼得水，成为一个人上人，你既要洞若观火，明察秋毫，又要明了"水至清则无鱼，人至察则无徒"的道理；既要使得你与人们之间的信息对称、沟通顺畅，还得利用信息的不对称来平衡不同人对你的不同需求，并从中渔利。

〇一个领导者的爱好，往往会成为办公室成员的共同爱好。人们总是爱好着领导的爱好，幸福着领导的幸福，快乐着领导的快乐。我们说，这样的一个领导者，就是有"权威"的，尽管里面掺杂了不少的水分。

〇适当地利用"缺席"，可以增加别人对你的尊敬和愿意给予你的荣誉，可以让别人发现你真正的价值所在。但这也是有前提的，那就是你自身必须具备超越他人的实力，具备别人不具备的才能或者强大的背景。反之，你的缺席并不会产生什么不良影响，那么你本人也将是可有可无，没有真正的分量了。

〇如果你能让人产生精神恐惧，他将对你轻易地屈服。因为在人与人的博弈中，精神压力胜过任何的武器，精神服从则会产生物质奖励无法比拟的战斗力。

〇杀鸡儆猴，这是用来威慑人心的惯常手段。人们一旦提起，总感觉其带有些阴暗的色彩。但"杀鸡儆猴"这一潜规则如果运用得当，不仅能起到震慑人心的作用，更能让自己处于博弈的主动地位。所以，这是全世界的领导者最常用的一招管理法宝。

〇那些在得势时整人越狠的人，失势后的下场也就越惨。切记，当你让人敬畏时，要多做让人尊重的事。只有这样，当你不让人敬畏时，人们才会尊重你。

○真正有权威和有城府的人，他们都通常不由自己来展现这种权威，而是让下边的人去说话。他们只在关键时刻出来说一句话。是也是，不是也是。关键时站出来，一言九鼎，说了管用，这就是权威。

○我们在这个社会中，既要为自己树立说一不二的权威，又要允许别人偶尔摸摸你的屁股。权威与亲和力必须并存，才能既让人畏，又让人敬。

○如果你是一个领导者，你要善于在遇到麻烦时适当地将水搅浑，而不是试图把水变清。领导者就像一个蓄水池，池水太浑了，会让人完全看不到东西，这样不行；但池水太清了，则会让它失去神秘感，这样也不行。

○把简单的事情复杂化很容易，把复杂的事情简单化才是最难的。有些简单的事情之所以被有些人弄得复杂化了，是因为把简单的事情复杂化能够显示他的才能。

关键词：谨慎和勇气

○做事的时候要高调，做人的时候则要低调。一个人要守住他的小节，严格注意细节，同时把住底线，再有所畏惧，才可保自身无虞。总的来说就是，做事要有勇气，做人则要谨慎。

○一个人如果太突出、太优秀了，让多数人在他身边显得平庸，就容易遭人暗算。俗话说，木秀于林，风必摧之，枪打出头鸟。虽然这是一个错误的道理，是黑暗的现实，但很顽固地存在于社会之中。所以即使你不得罪人，也会有人嫉妒你，如果你太过于锋芒毕露。

○我们身边最恐惧的对手，不是明枪暗箭，而是一些不起眼的人。就像乌贼，虽然看起来没有任何杀伤力，也构不成多大的威胁，但它最大的本事就是把水搅浑——坏事。成事不足败事有余，这样的人最可恨，也最可怕，许多事情就是毁在这种人的手里。

○假如你是一个承担责任的人，那么你要知道，身边的人都在观察你。他们会仔细观察你的更多注意力花在什么事情上，从而他们就觉得这件事情一定是很重要的，那么大家也会去关注这件事。同时，人们还会通过你的一举一动判断你是一个什么样的人，你的优点是什么，缺点又有哪些，甚至收集你的把柄。所以作为一个居于高位的人，不能想做什么就做什么，因为人们都在看着你。

○有一个谚语说得特别好：当官不娶美女，娶美女就不要当官。在这个社会中，走桃花运不是一件好事，心思都放在女色上，更是凶险之极的征兆。"红颜祸水"谈不上，但红颜多误人，是经常应验的。所以，好汉经常娶丑妻，其实并非他们运气不好，而是他们的明智之举！比如诸葛亮。

○如果两个人始终意见一致，那么其中一个就是多余的了。但是如果副手的意见与"一把手"的意见不一致，那么副手肯定是多余的。这表明，当你在发表意见时，一定要谨慎地先观察一下上司是什么想法，然后衡量自己的能力是否足以推翻他的观点。如果不能，就把勇气收回来，乖乖地和上司站在一起，支持他的观点。

○做人做事，最忌讳的就是性格急躁、粗心大意。一个人要有些忍耐的功夫，就是要勇敢地面对打击、误解、失败，在这些不顺的境况中，能够沉得住气、收得住心，从而可以挺过难关，等到转机的出现。

关键词：关系、圈子与合作

○人脉就是我们的钱脉。一个人能否成功，不在于你知道什么，而在于你认识谁。在社会上想发展壮大，就得广交朋友，尤其是像"狈"这样的死党，结交那些可以与你"狼狈为奸"的人。"狼行成双""一个好汉三个帮"，在这关系复杂的社会中，有谁不拉帮结派呢？江湖上谁能没有几个朋友呢？有了朋友，才有圈子，有了圈子，才有合作，有了合作，才有发展！

○人，天生就是利益动物。精彩的利益争夺，需要在竞争和竞赛中展开，而战争是竞争的最高形式。但是，我们不可能过多地让竞争外在化，不能相互之间老打仗。那么，打牌，很自然地就成为一个人秉性的表露形式。所以，人们喜欢打牌，不是没有原因的。有人说，性格即命运，其实，性格也是牌运，打牌中胆子越大，牌运就越好。又有人说，酒品即人品，其实，牌品也是人品，打牌中越少猜忌，就越少犯错误。这些规则完全适合于社会的生存。

○有关键的人，在关键时刻，给你说关键的话。"关键时刻"就是机遇，而"关键的话"却取决你的能力，一方面是你的活动能力，另一方面是你的工作实际成绩，领导毕竟是领导，要让"关键的人"能够有理由，并且是心甘情愿地说"关键的话"。

○不要认为你能力强、人缘好，头衔和职位就一定是你的，在众人的投票中你就一定能够过关。要知道，在社会中，在职场上，甚至在仕途中，第一名与倒数第一名有差距，与倒数第二名就没什么差距了。

关键词：组织与领导

○和你的领导保持足够的距离，任何清楚领导底细的人，都没有好下场。同时，任何清楚组织底细的人，他自身也是危险的。所以，你要尽量使自己远离一切被称为"秘密"的东西，懂得当哑巴还不够，你必须随时成为一个瞎子和聋子。不该听的听不见，不该看的看不见，才能保护自己。

○在这个社会中，两点之间，曲线最短，直线最长，垂直最牛。会做人做事的人，笔从直处还求曲，事到方处更觉圆。社会就是一个圆，升职就是走圈。在文件上画圈，在关系间绕圈，在风险的边缘兜圈。

○任何形式的团队，其基本目的都是为了使团队成员能够生存、生活得更美好。没有使命的团队走不远，忽视团队成员的物质利益的团队也无法生存。

○不善于倾听不同的声音，是现在的管理者最大的疏忽。同时，也是一些身在其中的团队成员无法晋升的致命原因。他们只想突出自己的声音，维护自己的利益，从而失去了绝大多数人的支持和拥戴。最终，他们只有靠关系网和背景支持自己的利益，进入了一个死循环，绕来绕去，无法回到正轨。

○一个领导者不仅要发现微妙的变化，还必须用简单、明晰的话告诉公司各个层次的人，什么变化正在发生，会对公司产生什么影响，必须采取什么行动才能利用这些变化，这就是我们今天的领导者必须具备的沟通能力。

○不管一个人多么有才能，是英雄还是恶魔，他都会最终看到，集体常常比他更聪明、更有力。他无法战胜一个团队，也不可能独力去决定和改变一些重大的事情——除了改变他自己。因此，你即便已经很优秀了，也不要忽视别人的声音，倾听其他人的观点。如果你懂得在坚持原则的基础上，去集思广益，把朋友、同事和亲人的智慧为你所用，你就能活得更好，不但实现自己的目标，而且受人尊重。因为你的成功也是他们的成功。

○谁如果认为自己是圣人，是被埋没了的天才，谁如果与集体脱离，谁的命运就要悲哀了。集体就是你的生存平台、圈子、公司、行业，它什么时候都能提高你，并且使你两脚站得稳。反过来也成立，它随时可以把你抛进大海，让你"尸骨无存"、身败名裂。

○清高孤傲的人总是与普通人格格不入，纵使他们确实很有才情、品位、格调，也只会遭到别人的反感、疏远。一个人要正确认识自己是很不容易的，尤其看清自己的缺点，承认自己的不足。

○清高孤傲的人要么自以为有知识而清高，要么自以为有本事而自大。殊不知，山外有山，楼外有楼，还有能人在前头。人贵有自知之明，古今中外，凡是成就大事业的人，都是虚怀若谷、好学不倦、从不过分自负的人。

○出了问题首先要内部消化，别张扬出去，这叫家丑不可外扬。等到捂不住了，你必须丢车保帅，牺牲那些不重要的人，来保住自己和你的重要成员。

关键词：朋友、亲人、同事和爱人

○朋友的定义：一种温度计。我们可以用它来量我们时运的温度，顺带，它也可以测出人心的温度，让你看到朋友的真正价值，分清你朋友圈的真正成色。

○今天的世界诡秘莫测，社会的竞争异常惨烈，如果你没有超乎寻常的心理素质，没有置之死地而后生的勇气，没有有效的手段，同时又没有朋友的相助、亲人的力挺、同事的理解，以及爱人的支持，那么你迟早会被社会淘汰。

○在人脉的圈子里混，言多必失，祸从口出。有一类人，他天生口水多，喜欢对人对事指指点点，这是做人的一大忌讳。话多的人让人嫌，说错话的人则让人憎恨，只有少说多做，才能尽可能为自己塑造一种正面的形象。

○只要是有利益的地方，就一定会有矛盾。因此，没有永远的朋友，只有永远的利益。朋友之间也会因利益反目，利益也会让敌人变成你的朋友。只要利益需要，"朋友"和"敌人"之间的转换是很自然的，你千万别对此大惊小怪。

○弱肉强食如同天空一样古老而真实，信奉这个原理的狼就能生存，违背这个原理就会死亡。建立在弱肉强食基础上的，则是丛林法则。社会就是一座大丛林，只不过披上了各种美丽的外衣，把这一残酷的本质掩盖了起来。这一原理就好像缠绕在树干上的蔓草那样环环相扣，人们只有经历了足够的沧桑和教训，才能看清背后的真相。

○这个世界永远都是属于强者的。弱者能得到的只是同情和怜悯，而永远得不到真正的成功，进不了统治阶层。这就是真实的世界，财富和权力集中在强者手中，弱者只能等待他们的施舍——尽管看起来是弱者在规则的允许下通过努力拼搏得到的收获。

○不要冒犯那些见利忘义的人，哪怕他是你的朋友，也千万不要与他有什么利益相关的往来。见利忘义的人最擅长"变脸"，你对他有利，他不顾一切也要黏上你，从你身上不停地吸食好处；你若是不小心损害了他的一点利益，就将成为他的头号攻击目标，威胁、恐吓，种种下三烂的手段会让你的生活彻底瘫痪。

〇在见利忘义这种人的辞典里，只有"利"字，没有"义"字的生存空间；在这种人的世界里，也只有利益，不会有什么情感。他们的情感都是伪装，义气都是工具，用完就脱下来扔掉，没有价值了就随手丢进垃圾桶。你与这种人有了利益的往来关系，无异于在自己头上悬挂了一把利剑，是最不明智的行为。

〇同时，你也不要冒犯那些妒贤嫉能的人，你要是处处强过他们，你的厄运也快来到了。他们对于自己的提高其实并不关心，眼睛总是盯着别人：你只要有一点超过了他，他就不高兴，总想着把你踩在脚下。他们好像并不是为了自己的幸福而生活，而是为了"破坏别人的幸福"。只要别人过得比他惨，他就觉得幸福了。

〇在这个社会上混，能不得罪人就不要去得罪，与其为自己多树敌人、多立对手，不如多交朋友，"没有敌人，只有还未变成朋友的人"，这才是成功人生应遵守的法则之一。把敌人变成朋友，就是我们在交际方面的最高宗旨；将陌生人变成我们的潜在关系，并把这些关系逐步加深，把他们纳入自己的资源宝库，则是我们的人脉根本目标。

〇没出事的时候，收人钱财，替人消灾，都说此人讲义气、重感情；出事后，转而都说他贪婪成性、腐败透顶。这就是人性。所以，不要觉得有些人会永远忠诚于你，会永远照顾你。只有在你落魄时，才能检验出朋友的分量。